AF611764

CONFÉRENCE MONTESQUIEU

PROJET

SUR LES

PRISES MARITIMES, LES CORSAIRES

LE DROIT DES NATIONS NEUTRES

ET LA

LIBERTÉ DES MERS

EN TEMPS DE GUERRE MARITIME,

PRÉSENTÉ

Par M. Ch. DELAVILE.

PARIS

IMPRIMERIE ET LITHOGRAPHIE DE RENOU ET MAULDE

RUE DE RIVOLI, 144.

1859

CONFÉRENCE MONTESQUIEU

PROJET

SUR LES

PRISES MARITIMES, LES CORSAIRES, LE DROIT DES NATIONS NEUTRES

ET LA

LIBERTÉ DES MERS

EN TEMPS DE GUERRE MARITIME,

PRÉSENTÉ

Par M. Ch. DELAVILE.

EXPOSÉ DES MOTIFS

I

Considérations générales.

MESSIEURS,

En proposant à la Conférence la discussion et l'adoption des vrais principes du droit des gens, je ne crains pas qu'on m'accuse de désirer ou de prévoir, en Europe, une guerre exclusivement maritime qui puisse en amener l'application. Ici la théorie est faite pour écarter la pratique. N'est-ce pas, en effet, en songeant aux désastres des guerres passées, si glorieuses qu'elles soient, n'est-ce pas en explorant les ruines qu'elles laissent après elles que les gouvernements et les nations peuvent écarter jusqu'à l'idée de se jeter dans les hasards d'une conflagration universelle?

Une pensée de prévoyance a toujours dirigé les gouvernements sages, après la guerre : quand ils se sont rapprochés, quand ils ont conclu des traités de paix, ils n'ont pas craint d'y insérer les clauses qui devaient régler le droit des gens maritime, en cas d'hostilités nouvelles. Depuis les grands traités du XVIIe siècle, surtout depuis les traités d'Utrecht, les hautes parties contractantes ont proclamé, toutes les fois que l'occasion s'en est présentée, et précisément à la fin de la guerre, pour qu'ils soient la sauvegarde de la paix, les principes du droit des gens, comme elles viennent de le faire dans le traité de Paris de 1856 : elles ont mis en pratique cette maxime dont la sagesse et la vieille expérience des peuples ont fait un proverbe : *Si vis pacem, para bellum.*

Les règles du droit des gens, qui ne peuvent être codifiées comme les lois civiles, ces règles qui semblent n'avoir pas de sanction et ne pouvoir lier, au moins d'une manière définitive et rigoureuse, les différentes nations du monde, parce qu'il est impossible de réaliser l'utopie rêvée par Sully et plus tard par l'abbé de Saint-Pierre (1), d'un tribunal européen jugeant les rapports d'État à État, la conduite internationale, ces règles du droit des gens, disons-nous, doivent être souvent expliquées, discutées, écrites dans les traités, dans les déclarations, dans les notes diplomatiques, dans les instructions gouvernementales. Il ne faut pas craindre qu'à force d'en parler ou d'en écrire, qu'à force de les proclamer justes et vraies, on leur inflige le sort que la légèreté de ce Grec oublieux faisait subir à Aristide : non ; c'est en proclamant, le plus souvent possible, les maximes du droit des gens maritime ; c'est en les faisant passer de la discussion dans les traités, des traités dans les lois, des lois dans les mœurs, qu'on les fera pénétrer dans la conscience des peuples, qu'on les gravera dans leur raison et qu'on les fera respecter de ceux mêmes qui semblent avoir pris pour mission de les fouler aux pieds ; c'est en les discutant, c'est en remontant à leur source, à l'accord tacite des peuples, au droit naturel, au premier de tous les Législateurs, qu'on en fera comme une coutume universelle qui s'épure et se modifie avec le temps, subit les transformations, les adoucissements des mœurs, les influences des relations internationales, et inspire à Portalis cette belle parole : « Faire en temps de paix le plus de bien et, en temps de guerre, le moins de mal possible, voilà le droit des gens (2). »

(1) « Projet de traité conclu pour rendre la paix perpétuelle entre les souverains chrétiens, pour maintenir toujours le commerce... proposé autrefois par Henri-le-Grand, roi de France, agréé par la reine Elisabeth. » — Utrecth, 1713. —Voy. aussi Rousseau.

(2) Discours d'installation du Conseil des Prises. Montesquieu, liv. 1, ch. III, avait dit la même chose, en ajoutant : « sans nuire à ses propres intérêts. » — V. p. 40 tout le discours de Portalis.

Les principes du droit maritime international auraient surtout besoin d'une sanction qu'il est malheureusement inutile de chercher ailleurs que dans la raison du plus fort, si on ne la trouve pas dans la conscience du plus juste et dans l'approbation universelle : et, cependant, les guerres maritimes sont, à tous les points de vue, surtout au point de vue des intérêts commerciaux, les plus terribles de toutes : à une question de prédominance se joint une question de jalousie mercantile ; c'est pour cela sans doute que les principes du droit maritime semblent avoir subi l'influence du mobile élément au sujet duquel ils ont dû naître. On ne les voit apparaître qu'après le droit des gens des guerres terrestres; et, pour arriver jusqu'au Congrès de Paris, qui, nous l'espérons, leur servira de sauvegarde éternelle, ils sont livrés aux plus terribles disputes, aux luttes les plus acharnées; tantôt proclamés, tantôt délaissés, cherchant à dominer dans les traités, tandis qu'on les répudie dans les lois particulières, soutenus par les faibles dont ils sont l'égide, sacrifiés par les forts dont ils doivent tempérer l'audace, objet de représailles continuelles et de sacrifices sans nombre, vivant sans garantie, dépourvus de sanction, abandonnés aux hasards de la domination maritime ou des intérêts du moment, ils n'ont jamais été proclamés que pour être aussitôt violés; leur histoire, c'est l'histoire des guerres maritimes de l'Europe et de l'oubli des traités qu'emporte le premier coup de canon. L'histoire devra dire de quel côté sont les sacrifices, de quel côté est l'opiniâtre intérêt; l'histoire devra dire si Montesquieu frappait juste, quand il écrivait : « L'empire de la mer a toujours donné aux peuples qui l'ont possédé « une fierté naturelle, parce que, *se sentant capables d'insulter « partout,* ils croient que leur pouvoir n'a pas plus de bornes que « l'Océan. » Il est facile de reconnaître dans ces paroles la nation dont voulait parler Montesquieu ; il est facile d'y reconnaître l'Angleterre, s'appuyant sur la marine la plus puissante du monde, pour replonger le droit des gens maritime « dans la nuit du moyen âge, » suivant l'expression d'un publiciste moderne. L'Angleterre n'a vu que son intérêt là où d'autres nations voyaient des droits éternels, imprescriptibles, immuables, auxquels s'attache un inviolable respect, quand la nécessité et l'exemple n'entraînent pas à de funestes représailles. Si l'histoire des relations internationales est celle des guerres maritimes de l'Europe, elle peut aussi se résumer dans les empiètements de l'Angleterre sur les principes vrais, éternels, innés; dans la résistance qu'elle a toujours apportée à leur promulgation et dans la violation qu'elle n'a cessé de leur faire subir.

Le droit des gens, qui devrait être uniforme, a malheureusement subi les transformations et les variations du droit civil, changeant avec les climats et les siècles; il a subi l'empreinte, le reflet des gouvernements, des mœurs, des intérêts; chaque nation, chaque époque a voulu avoir le sien; et, cependant, pour toutes les nations comme pour tous les temps, il découle de la même source divine : le droit naturel, le consentement unanime de tous les hommes. C'est pour cela qu'il faut le ramener à l'unité, qu'il faut suivre ses transformations à travers les âges, pour remonter à l'origine, et proclamer un droit international créant un équilibre certain, une protection efficace, dont la vraie sanction se trouve au fond de la conscience des peuples et dans la réprobation universelle qui flétrit la violation des droits sacrés de l'humanité.

Ne craignons donc pas, messieurs, de discuter ces principes du droit international maritime, quoiqu'ils n'aient pas de sanction directe, quoiqu'ils ne forment pas une loi écrite; ne craignons pas, après les traités, après les déclarations, après les lois intérieures, de porter notre pierre à l'édifice et de tenter un effort, en vue du triomphe de vérités qui ne demandent qu'à être connues pour être acceptées.

II

Le Congrès de Paris a proclamé les principes suivants :

1° La course est et demeure abolie.

2° Le pavillon neutre couvre la marchandise ennemie, à l'exception de la contrebande de guerre.

3° La marchandise neutre, à l'exception de la contrebande de guerre, n'est pas saisissable sous pavillon ennemi.

4° Les blocus, pour être obligatoires, doivent être effectifs, c'est-à-dire maintenus par une force suffisante pour interdire réellement l'accès du littoral de l'ennemi.

Au moment de l'ouverture des hostilités contre la Russie, une déclaration du ministre des affaires étrangères du gouvernement français avait annoncé aux puissances maritimes que son gouvernement se conduirait d'après les principes qui ont été plus tard adoptés par le Congrès de Paris.

Nous sommes obligé de faire nos réserves contre la première des propositions du Congrès et de la déclaration du ministre français, contre l'abolition de la course; nous demanderons à faire ajouter quelques dispositions secondaires aux principes généraux et fondamentaux proclamés par le traité de Paris; mais nous adoptons complétement les principes du droit des neutres, en applaudissant à l'esprit qui les a dictés, et aux efforts qu'il a fallu tenter, sans doute, pour les faire adopter par l'Angleterre.

III

Application des principes du Droit des gens. — Prises maritimes.

La déclaration faite par le gouvernement français avant l'ouverture des hostilités de la guerre d'Orient, et la conduite suivie pendant la guerre par les parties belligérantes, nous permettent de montrer, autrement que par des hypothèses involontairement transparentes, à quels faits s'appliquent les principes du droit des gens maritime, tels que le Congrès de Paris devait les entendre et les proposer à l'adoption des autres nations du monde.

La France et l'Angleterre, puissances maritimes ayant une marine militaire formidable et un commerce international étendu, faisaient la guerre à la Russie, puissance maritime considérable aussi par ses forces militaires et par son commerce, qui s'alimente à la fois dans les ports de la mer du Nord et dans ceux de la mer Noire, sans compter les possessions coloniales. — Voilà les *belligérants.* A côté d'eux sont placés les *neutres*, les nations qui, spectatrices du combat, sans y prendre part, continuent à vivre et à commercer, comme si la guerre n'existait pas. Quel doit être le sort du commerce des belligérants? quel doit être le sort du commerce des neutres, du commerce des Américains, des Suédois, des Hollandais? Telles sont les questions que la déclaration du ministre des affaires étrangères a résolues.

Les marines nationales, les marines militaires, auront seules le droit de capturer et de saisir pour le compte de l'État les navires marchands des ennemis : il n'y aura pas, pendant la guerre d'Orient, de *lettres de marque* délivrées aux *corsaires*, aux armateurs particuliers, qui, avec leurs propres ressources, *armaient en course* et pouvaient prêter à la marine de l'État un secours efficace. La marine marchande russe ne sera exposée à la saisie que de la part des navires français ou anglais portant la *flamme* impériale ou royale, montés par des officiers et des marins de la marine de l'État.

IV

Droit des Neutres.

Voici pour le droit des neutres :

Les navires américains, suédois, norwégiens, auront le droit d'aller à Odessa, à Pétersbourg, prendre des marchandises de provenance russe, appartenant à des négociants russes, pour les transporter, à l'ombre du pavillon neutre, que devront respecter les belligérants, d'un port russe à un autre port russe, ou à un port quelconque du globe. En d'autres termes, la marchandise ennemie voyagera en sûreté, sous la protection du navire et du pavillon neutres; les belligérants qui pourraient la saisir, se l'approprier, la capturer, au moyen de leurs navires de guerre, la laisseront librement circuler, quand elle sera chargée sur un navire neutre : le pavillon neutre couvrira la marchandise ennemie, à l'exception toutefois de la contrebande de guerre, c'est-à-dire de ces marchandises qui pourraient aider les belligérants dans leurs entreprises.

Mais les navires ennemis, les navires appartenant aux négociants russes pourront-ils porter, sans danger pour elles, d'un port russe, ou d'un port étranger à un port quelconque, les marchandises de provenance neutre, ou qui sont la propriété du citoyen d'une nation gardant la neutralité? Les marchandises qui sont la propriété d'un citoyen des Etats-Unis d'Amérique, ou d'un négociant de Copenhague, voyageront-elles en sûreté à bord d'un navire russe qui aurait eu la témérité de braver les croisières des belligérants? La déclaration résout la question en faveur de la propriété neutre. Ainsi, tandis que la marine de l'Etat portant des officiers français ou anglais capturera les navires des négociants russes et les marchandises russes, elle respectera la propriété neutre chargée sur le même navire: les flancs du navire ennemi, le voisinage, le contact de la propriété ennemie ne compromettront pas la propriété du neutre. Le pavillon, qui tout à l'heure dénationalisait la marchandise et la faisait jouir des prérogatives attachées à la qualité de neutre, la laissera maintenant à sa nationalité et ne fera pas étendre les hostilités jusqu'à elles : à moins toujours, bien entendu, qu'il ne s'agisse pas de contrebande de guerre.

V

Blocus.

Enfin les parties belligérantes pourront penser qu'il est nécessaire d'empêcher toute communication avec certaines parties des côtes de l'ennemi; la France et l'Angleterre voudront empêcher tout commerce avec Odessa ou avec Helsingfort : les navires neutres naviguant, en toute sûreté, même avec des marchandises ennemies, ne pourront les transporter dans un port russe, sur une côte de la Russie, si ce port, si cette côte sont *effectivement* bloqués par une force navale suffisante pour qu'il y ait danger de violer le blocus. Après la déclaration de la guerre, mais avant que les forces françaises et anglaises aient pénétré dans la mer Noire, avant qu'elles n'aient établi une croisière suffisamment puissante à l'entrée du port d'Odessa, les navires américains pourront aller dans ce port chercher des blés russes ou y porter des marchandises américaines. De Paris ou de Londres, les belligérants s'interdisent la possibilité de bloquer *fictivement*, de bloquer *sur le papier*, par un simple ordre de cabinet, les côtes de la Russie méridionale, ou d'en interdire l'accès au moyen d'une croisière évidemment trop faible, pour qu'il y ait danger à passer outre; au moyen, par exemple, d'une frégate qui aurait la prétention de fermer l'entrée d'Odessa, alors qu'elle croiserait dans les parages de la mer d'Azof. Jusqu'au moment du blocus effectif, les navires américains dont nous parlons pourront librement commercer avec Odessa, et s'ils sont saisis par la croisière trop faible, par la frégate qui ne peut que surveiller, sans pouvoir bloquer, la prise ne sera pas valable : pour la valider, il faudra que le capteur fasse partie d'une croisière dont il y aurait danger à violer le blocus.

Tels sont les principes du droit des neutres adoptés par la France et l'Angleterre, au moment de l'ouverture des hostilités, et proclamés plus tard par le Congrès de Paris, pour être soumis à l'adoption des diverses nations maritimes du globe. Toutes les ont acceptés, à l'exception des États-Unis d'Amérique, qui voudraient qu'à l'égard du commerce des neutres et des belligérants, on fît abstraction de l'état de guerre : pour le commerce, la guerre serait comme si elle n'était pas. Les flottes nationales auraient le droit de se poursuivre, de se détruire; mais les navires de commerce, qu'ils soient neutres ou belligérants, passeraient au travers des escadres, sous les canons des places fortes, entreraient dans les ports bloqués ou non bloqués et se livreraien à l'échange de leurs chargements, à toutes les pratiques commerciales, comme si la paix n'avait cessé d'exister.

Nous reviendrons sur ce système dont nous nous contentons d'indiquer la base, et nous allons examiner les différentes propositions du traité de Paris, sur la *course*, *les droits des neutres et le blocus*, en indiquant sommairement quelles dispositions il nous semblerait convenable de prendre, pour *la pêche*, *le droit de visite*, *les conseils des prises et le délai* à accorder aux navires marchands pour quitter les ports français, après l'ouverture des hostilités.

DE LA COURSE

DES PRISES MARITIMES ET DU DROIT DE VISITE

VI

Des Prises par les Corsaires et par les navires de l'État.

Quand deux nations sont en état d'hostilités, la fatale logique de la guerre les entraîne à se faire réciproquement le plus de mal possible, afin de se contraindre à la paix, par l'anéantissement ou l'affaiblissement de leur puissance et de toutes leurs forces vitales. Sans aller aussi loin que la reine Élsabeth, qui « prétendait que, « selon l'ordre de la guerre, il était permis de dompter son ennemi « par la faim même, pour l'obliger à la recherche de la paix » (1), on peut incontestablement dire, avec le droit des gens de tout temps pratiqué par toutes les nations civilisées, que l'anéantissement et l'affaiblissement de la puissance ennemie, surtout de la puissance commerciale qui tient à de si graves et à de si nombreux intérêts, doivent entrer dans les calculs des belligérants, en vue même de la paix, pour laquelle ils font la guerre. Les tristes conséquences de cette logique paraissent, au premier abord, difficiles à admettre; mais il ne faut pas s'attendre à voir la guerre, état contre nature, quoi qu'en aient dit certains publicistes, amener des conséquences naturelles. Le commerce, et le commerce maritime surtout, sont une des plus abondantes, sinon la principale source des richesses nationales; chaque membre de l'Etat, chaque citoyen contribue, dans une

(1) En 1597, elle ne voulut pas permettre aux Danois et aux Polonais de porter des vivres en Espagne. En 1793, les successeurs d'Élisabeth mirent en vigueur contre la France les principes du XVIe siècle.

certaine mesure, à la vivification de cette source dont les ramifications sont innombrables. Une nation commerçante a donc, comme l'a remarqué Montesquieu (1), un nombre prodigieux de petits intérêts particuliers; elle peut donc choquer et être choquée d'une infinité de manières. Nous ne devons nous occuper ici que du mal produit par les forces navales et du choc que peuvent en recevoir les intérêts particuliers dont la masse forme l'intérêt général, du malaise ressenti par chaque citoyen, malaise qui conduit à l'affaiblissement d'une nation, au mécontentement universel et à la demande de la paix (2). Le mal que peut causer la marine au commerce maritime est, sans contredit, de beaucoup plus considérable que celui que peuvent causer les armées de terre au commerce terrestre. Il y en a plusieurs raisons sur lesquelles nous aurons occasion de revenir; qu'il nous suffise de constater, une fois de plus, que la puissance commerciale maritime d'une nation tient à une infinité d'intérêts plus considérables que ceux de sa puissance industrielle ou commerciale ordinaire. Ce mal et les différentes manières de le produire ont depuis longtemps fixé l'attention des peuples et des gouvernements.

Une nation peut avoir une force navale régulièrement organisée, une marine militaire équipée, soldée par l'État, commandée par des officiers qui sont les représentants du chef de l'État, n'obéissent qu'à lui et ne font que les affaires de l'État. Cette marine peut livrer un combat naval contre la marine de l'État ennemi, l'endommager et la détruire, et faire de cette façon une des plus larges brèches qu'il soit possible de causer au budget d'une nation qui tient à avoir une marine comme garantie de son indépendance et de sa nationalité (3). Mais ce combat naval entre les deux marines de guerre, la destruction de ces flottes militaires ne touchent que le gouvernement, que l'abstraction représentant la généralité des citoyens : les intérêts particuliers, en tant qu'ils ne sont pas confondus dans l'intérêt général, ne se voient ni sensiblement, ni surtout directement attaqués. Cependant la marine militaire peut se rapprocher davantage des intérêts particuliers et les choquer d'une manière sensible : elle peut bloquer un port de commerce, empêcher toute communication avec une ville, la bombarder, brûler tout ce qui se

(1) *Esprit des lois*, liv. XIX, ch. 27.

(2) Curve Romani duces primam semper in bellis commerciorum habuère curam? — Pline, *Hist. nat.*, lib. 26, cap. 4

(3) Lors de la guerre maritime de l'Angleterre contre les neutres, sous le premier Empire, les Danois ont mieux aimé voir bombarder leur capitale que de risquer une bataille navale qui aurait pu compromettre leur marine.

trouve dans un port, couler bas les navires marchands, et, de cette façon, causer un mal considérable au commerce d'une nation et à tous les intérêts qu'il embrasse.

Enfin les vaisseaux de l'Etat pourront battre l'étendue des mers, s'embusquer au passage d'un détroit, ou derrière un promontoire, attendre à certaines latitudes indiquées par les vents de la saison et l'habitude de la navigation, les navires de commerce qui sortent des ports ennemis ou vont y entrer, faire usage de la force, prendre ces navires avec leur cargaison et revenir chargés d'un riche butin capturé au nom de l'Etat et pour le compte de l'Etat, avec partage au profit des capteurs. Cette manière de ruiner l'ennemi sera donc dirigée contre le commerce, contre les citoyens pris individuellement, par la marine de l'Etat. Le mal n'est qu'indirectement causé à l'Etat, à l'abstraction qui représente la nation; mais le mal est considérable, surtout si la marine de guerre est puissante, libre de ses mouvements et si elle s'attaque à une marine marchande qui couvre les mers de ses bâtiments. Toutefois le mal ne sera causé que par la marine militaire, et ce n'est pas là ce qu'on appelle à proprement parler la *course*; ce n'est pas là ce que le Congrès de Paris, et avant lui les déclarations de la France et de l'Angleterre, au moment de la guerre d'Orient, ont entendu abolir, puisqu'au contraire les marines militaires des deux puissances alliées ont fait des prises sur les navires marchands de la Russie. La course dont le Congrès de Paris a répudié le secours et dont nous demanderions le rétablissement, si l'occasion de s'en servir d'une manière efficace se présentait, la course est tout autre chose. A côté de la marine de l'Etat, il y a la marine du commerce, les bâtiments qui appartiennent aux particuliers et sur lesquels les armateurs mettront des canons, des marins doués d'une intrépidité spéciale et auxquels on fera jouer le rôle que nous venons d'indiquer pour les vaisseaux de l'Etat. Les bâtiments du commerce ainsi transformés et armés en guerre par leurs propres armateurs, avec des ressources particulières et sans la participation de l'Etat, ces bâtiments ne portant pas la *flamme* contribueront, dans la mesure de leurs forces, à causer à l'ennemi des désastres particuliers; ils courront la mer, ils attendront et chercheront les navires de commerce de l'ennemi, les captureront, mais principalement au profit de leurs armateurs. Telle est la course, régularisée au moyen des lettres de marque, tel est ce droit délégué par l'Etat aux particuliers de *courir sus* à l'ennemi, d'organiser une quantité aussi considérable que possible de duels particuliers sur mer, à côté du duel général des flottes et des armées régulières représentant la puissance collective d'une nation : tel est l'auxiliaire puissant qu'une nation peut placer à côté de ses armées régulières, pour faire, de concert avec elles, ces prises maritimes qui ruinent le commerce ennemi et amènent la lassitude générale, l'épuisement de l'Etat, et en définitive la nécessité de la paix, au moyen des désastres particuliers.

Il y a, comme on le voit, entre les deux manières que nous venons d'indiquer pour faire les prises maritimes, une profonde différence. D'un côté c'est l'Etat, avec ses forces militaires, ses bâtiments et ses officiers; de l'autre côté ce sont les particuliers, agissant, il est vrai, avec la délégation de l'Etat, sous sa protection, mais agissant avec leurs propres ressources. Ces deux façons d'agir peuvent amener, en matière de prises maritimes, deux opinions bien distinctes (1).

Si nous voulons suivre la longue pratique des nations depuis qu'elles se livrent aux guerres maritimes, il faut reconnaître que les *prises* peuvent être faites et par la marine de l'Etat et par les navires armés en course, appartenant à des particuliers, c'est-à-dire par les corsaires : c'est le nom que nous leur donnerons désormais, sans qu'il soit besoin de faire remarquer, nous l'espérons, que les corsaires ne sont pas des pirates et qu'il suffit d'ouvrir les pages les plus glorieuses de notre histoire maritime, pour les trouver au premier rang de ces intrépides marins qui ont su se rendre si redoutables aux ennemis du commerce et de la puissance navale de la France.

Ainsi, la course peut être faite et les prises maritimes effectuées et par la marine de guerre nationale et par les corsaires: c'est la pratique universellement suivie jusqu'à la dernière guerre d'Orient; c'est la pratique dont nous demandons le rétablissement conditionnel.

Ou bien les prises maritimes peuvent être exclusivement réservées à la marine nationale seule, comme dans la guerre d'Orient; c'est le principe admis par le traité de Paris.

(1) Au XVIIe siècle, et quelquefois pendant le cours du XVIIIe, il y eut une autre manière de faire les prises maritimes : le Roi prêtait ses propres vaisseaux aux armateurs qui les armaient en course à leurs frais. Souvent même les grands seigneurs, officiers de la marine de l'État, obtenaient du Roi quelques vaisseaux, les équipaient à leurs frais, en y joignant quelques autres navires, et partageaient avec S. M. le bénéfice de la course. C'est ainsi que le vice-amiral d'Estrées, après que l'amiral Birkes eut ravagé les colonies françaises des Antilles et de l'Amérique du Sud (1676), obtint de Louis XIV le droit de faire un de ces armements intermédiaires et tenta une furieuse attaque contre Tabajo.

Toutefois, les deux situations restèrent toujours bien distinctes, car un arrêt du Conseil du Roi, du 29 octobre 1696, défendit aux capitaines des vaisseaux de S. M. de faire aucune société, sans la permission de S. M., avec les capitaines ou maîtres des bâtiments armés en course.

Enfin il y a le principe mis en avant par les Etats-Unis d'Amérique qui demandent l'abolition absolue des prises maritimes, tant par la marine de guerre que par les corsaires. Suivant les Américains, le commerce devrait jouir de la plus complète liberté, malgré la guerre: la mer resterait libre, au milieu même des hostilités. Toutefois l'opinion des Etats-Unis n'est que conditionnelle; et, si les autres nations du monde n'admettent pas la liberté absolue, l'Amérique n'adhère pas au principe du Congrès de Paris et demande le maintien des corsaires, à côté de la marine de l'Etat.

Entre ces trois opinions, nous l'avons dit, notre choix est fait; nous n'admettons pas le principe du Congrès de Paris, l'abolition des lettres de marque; nous demandons qu'on revienne au système ancien, au système des prises maritimes effectuées par la marine militaire aussi bien que par les corsaires.

Nous aimons à croire qu'on ne nous accusera pas de vouloir revenir à un droit des gens que réprouveraient la morale et l'humanité.

Depuis la déclaration du Congrès de Paris, plusieurs écrivains ont applaudi à l'abolition de la course, d'autres ont accueilli avec enthousiasme la proposition des Etats-Unis. Nous applaudissons aussi, et avec enthousiasme, à tout ce qui est progrès, à tout ce qui est moralisation; nous voulons bien que toutes les fois que les circonstances le permettront, la France n'ait pas recours à la course; cependant nous croyons que dans certaines situations données, elle serait obligée d'abandonner le principe du Congrès de Paris, et de revenir au système d'Henri IV, de Louis XIV, de Louis XVI et de Napoléon: nous ne voulons ni indiquer, ni surtout prévoir ces circonstances, mais nous croyons qu'il n'est pas nécessaire de se lier les mains: c'est pour cela que nous proposons de laisser le gouvernement libre de délivrer ou de ne pas délivrer, suivant les circonstances, des lettres de marque aux armateurs-corsaires.

Qu'on adopte l'opinion du Congrès de Paris ou la nôtre, qu'on se range même à l'opinion conditionnelle des Etats-Unis, il n'en faut pas moins démontrer la légitimité de la course et des prises maritimes; il n'en faut pas moins démontrer, non pas qu'il est nécessaire, qu'il est utile de ruiner le commerce de l'ennemi, de s'emparer des bâtiments et des cargaisons qui appartiennent à de simples particuliers, de faire prisonniers d'inoffensifs marins auxquels la guerre n'a pas mis les armes à la main; mais que ces prises sont justes, légitimes et permises par le droit des gens. En effet, d'après la pratique du Congrès de Paris, il est bon de le remarquer d'ores et déjà, la prise faite par un navire de l'Etat est toujours l'appréhension d'une propriété particulière, de la propriété d'un citoyen qui n'est pas à lui seul l'abstraction dans laquelle se résume cette puissance collective d'une nation avec laquelle on fait la guerre. La démonstration est donc nécessaire dans les deux cas.

Quand nous aurons fait la preuve de la légitimité des prises et répondu aux objections qui n'ont pas été épargnées tant à cette légitimité qu'à la course elle-même et aux abus qu'en peut amener la pratique, il nous restera à démontrer qu'il est nécessaire, qu'il est utile que la France ait des corsaires, pendant les guerres maritimes, et que l'opinion, conditionnelle d'ailleurs, des Etats-Unis est une utopie irréalisable.

VII

De la légitimité du droit de Prise.

DROIT ROMAIN.

La question de la légitimité de la course se complique d'une question d'attribution de propriété : Si la capture des choses appartenant à un particulier ennemi est permise et juste, suivant le droit, à qui doivent appartenir les choses capturées et occupées par la force? Les a-t-on capturées pour le compte de l'État au nom duquel se fait la guerre générale, ou bien les a-t-on capturées au profit des armateurs qui prennent part à la lutte avec leurs ressources particulières? Cette seconde question ne sera pas laissée de côté; mais avant tout occupons-nous de la légitimité de la course.

On a déjà pressenti l'objection capitale qui peut être faite contre la légitimité des prises maritimes. Que l'État, qui représente la puissance collective, détruise, au moyen de ses armées de terre ou de mer, les armées de l'ennemi, représentation de l'autre puissance collective à laquelle seule on fait la guerre, c'est la fatale et rigoureuse logique des hostilités qui le veut! Un État est en guerre avec un autre État, les choses de l'État pourront être frappées, anéanties; mais pourquoi aller plus loin, pourquoi associer tous les citoyens, pris individuellement, à une ruine qui ne devrait atteindre que la représentation de tous, que l'abstraction gouvernementale? Et surtout, ajoute-t-on, en serrant de près l'objection et en comparant les guerres maritimes aux guerres terrestres, pourquoi une différence? pourquoi respecter les propriétés privées sur terre, et ne pas les respecter sur mer? pourquoi enlève-t-on le matelot à son paisible commerce, tandis qu'on laisse le cultivateur à sa charrue?

Si on respecte les marchandises du négociant dans ses magasins, après la conquête, ou après l'assaut, pourquoi ne pas les respecter dans le navire qui n'est, en définitive, qu'un magasin flottant?

Telle est l'objection dans toute sa force; elle est à double face : les propriétés particulières doivent toujours être respectées, parce que c'est à l'État seul qu'on fait la guerre. Si le droit permet de les violer, pourquoi les viole-t-on sur mer, quand on les respecte sur terre?

Les jurisconsultes qui se sont occupés de la question des prises et de l'appréhension de la propriété particulière des citoyens ennemis, soit par l'État, soit par les corsaires, soit même par des corps francs agissant sur terre, n'ont pas dédaigné d'explorer le vaste champ que les lois romaines ouvrent à la controverse, pour y chercher des textes légitimant l'occupation de la propriété particulière, en temps de guerre. Sans examiner ici la question de savoir si le Droit romain peut être invoqué quand il s'agit d'un principe qui touche au droit des gens (1); sans même trancher la question plus spéciale de savoir si le droit public ou privé des Romains avait porté sa pensée sur ce fait d'un particulier équipant un corps armé à ses frais, et faisant, en quelque sorte, la guerre à côté des armées de Rome, sous la protection de Rome, et dans l'intérêt de Rome (ce qui exclut la piraterie), le principe suivant ressort assez clairement, mais non sans contradiction, des textes du droit et de l'histoire : les terres deviennent publiques; les objets mobiliers restent la proie du premier occupant : « *Publicatur ille ager qui ex hostibus captus* « *sit* (2). — *Ea quæ hostibus capimus, jure gentium statim nostra* « *fiunt* (3). » Godefroid, en ne parlant que des choses mobilières, au sujet des lois qui se rapprochent du texte des Institutes de Justinien, fait une distinction entre l'occupation du soldat qui accomplit un service public, et l'occupation du citoyen libre de tout lien militaire. Ce dernier seul devient propriétaire pour son propre compte, le soldat au contraire acquiert pour la République : « Imo nec om- « nia mobilia, sed ea tantum quæ quis in dimicatione singulari, et « *liberis excursionibus* capit : quæ in actu bellico, et *ministerio* « *publico* capiunt *milites* fisco et Reipublicæ cedunt. »

Quoi qu'il en soit, et qu'il s'agisse du soldat de la légion, agissant

(1) Voir pages 92, 93.

(2) Digeste, 49, 15, 20, § 1.

(3) Institutes, lib. II. t. 1, XVII. — Voir aussi dans les divers sens : Dig. 49. Tit. 14, liv. 31, 41, 1, 51, § 1. — 41, 2. 1, § 1. — Gaius, 2, § 69 — V. Grotius, lib. 3, cap. 6, n° 12 et seq.

ministerio publico, ou du citoyen, *in liberis excursionibus*, l'occupation de la propriété ennemie est légitime, d'après les principes et les textes du Droit romain. Resterait à savoir à qui, de l'État ou du premier occupant, cette propriété devra être attribuée ; en réservant cette dernière question, nous nous bornons à constater le principe du Droit romain. Le soldat et même le citoyen, qui, dans les idées de l'antiquité, peut se croire en guerre avec tous les citoyens de l'ennemi, deviennent légitimes propriétaires des biens capturés, soit pour eux, soit pour l'État qu'ils représentent, et par ce moyen de droit naturel qu'on appelle *l'occupation*, c'est-à-dire parce qu'ils ont appréhendé, les premiers, une chose qui est censée n'appartenir à personne (1).

Mais il est difficile d'appliquer au droit des gens modernes les principes du Droit romain et son système d'occupation d'une chose *nullius*. Dans les idées de l'antiquité, comme nous l'avons dit, la querelle de la nation devait être épousée par chacun de ses membres, parce que la guerre ne finissait, la plupart du temps, surtout d'après la longue pratique de la politique romaine, que par l'extermination, l'anéantissement, ou tout au moins l'assimilation du peuple rival : l'anéantissement des propriétés particulières concourait donc à l'anéantissement général. D'autres principes régissent le droit et la politique modernes. C'est le gouvernement d'une nation qui fait, avec des armées nationales et régulières, la guerre à un gouvernement ennemi. Il faut donc aller chercher le fondement du droit de prise en dehors d'une législation inapplicable aujourd'hui et qui, d'ailleurs, avec les choses mobilières, rendait la personne de l'ennemi propriété du premier occupant (Inst., § XVII). — Le droit de prise, comme nous allons le voir, n'est pas une manière d'acquérir la propriété, mais bien un moyen de guerre des plus efficaces.

VIII

Publicistes modernes.

Quelques publicistes modernes ont cependant suivi les principes du Droit romain et le droit du premier occupant sur une chose *nullius*. « Pour bien comprendre cela, dit Vattel (le droit du premier

(1) Vinnius, sur le § 17 des Institutes, s'exprime ainsi : « Jure gentium res hostium eodem loco sunt, quo res nullius, ac proinde eorum fiunt, qui primi earum possessionem nacti sunt. Et tam mobiles quam immobiles.... extra actum publicum singuli sibi capiunt ; quia non capiunt ut ministri. »

« occupant sur les choses de l'ennemi), il faut savoir que l'état de « guerre suspend l'effet de la propriété, aussi bien que les autres « droits de la paix, par rapport à l'ennemi; en sorte qu'on n'est obligé « de s'abstenir de ses biens qu'autant que les lois de l'humanité le « demandent. Ainsi, pendant la guerre, tout ce qui appartient à un « ennemi devient comme un bien sans maître. »

En suivant cette pente, Vattel arrive bien vite au socialisme, comme l'a très-justement remarqué M. Duverdy : « Les biens « même des particuliers, dit le savant publiciste du XVIIIe siècle, « dans leur totalité, doivent être regardés comme les biens de la « nation à l'égard des autres États. Ils lui appartiennent réelle- « ment, en quelque sorte, par les droits qu'elle a sur les biens de « ses citoyens, parce qu'ils font partie de ses richesses totales et « augmentent sa puissance. Ils l'intéressent par la protection « qu'elle doit à ses membres. Enfin la chose ne peut pas être autre- « ment, puisque les nations agissent et traitent ensemble en corps, « dans leur qualité de sociétés politiques et sont regardées comme « autant de personnes morales. Tous ceux qui forment une société, « une nation, étant considérés par les nations étrangères comme « ne faisant qu'un tout, comme une seule personne, tous leurs biens « ensemble ne peuvent être envisagés que comme les biens de cette « même personne. Et cela est si vrai qu'il dépend de chaque société « politique d'établir chez elle la communauté des biens, ainsi que l'a « fait Campanella dans sa république du Soleil. »

Et Vattel peut conclure : « Par une conséquence immédiate de ce « principe, si une nation a droit à quelque partie des biens d'une « autre, elle a droit indifféremment aux biens des citoyens de celle- « ci, jusqu'à concurrence de la dette (1). »

Heureusement que Vattel, dans la suite de son ouvrage, n'a pas rigoureusement fait l'application des principes qu'il expose; il aurait ouvert la voie aux monstrueuses théories dont la France, dans ses plus mauvais jours, n'a subi l'exposition qu'avec terreur.

Ce n'est donc pas dans l'occupation d'une chose *nullius*, ce n'est donc pas dans la prétendue communauté socialiste de Vattel qu'il faut chercher le fondement du droit de prise. Nous ne le chercherons pas davantage dans les théories presque sauvages du publiciste Bynkershoek : selon lui, tous les moyens de destruction, le feu, le poison, etc., sont permis même contre un ennemi désarmé ; cette barbarie, que le dix-neuvième siècle ne comporte plus, justifierait

(1) Vattel, liv. 2, ch. VII, § 81, 82. — Édit. de 1820, p. 295 et 296.

trop aisément le droit d'appropriation des propriétés particulières de l'ennemi. Voici comment s'exprime Bynkershoek : « Bellum est « eorum, qui suæ potestatis sunt, juris sui persequendi ergo, con- « certatio per vim, per dolum. » (*Quest. Juris publici; de rebus « bellicis*, cap. I.) — « Dixi per vim. Non per vim justam, omnis enim « vis in bello justa est, si me audias, et ideò justa, cum liceat hostem « opprimere, etiam *inermem*, cum liceat veneno, cum liceat per- « cussore immisso et igne factitio, quem tu habes, et ille forte non « habet, denique cum liceat ut uno verbo dicam quomodocumque « libuerit. » (*Ibid.*) Cependant tous les publicistes, Grotius, Puffendorff, Vattel, dans des pages mieux inspirées que celle que nous venons de citer, Barbeyrac, Volff, Azuni, Valin, Émérigon, MM. Hautefeuille, Ortolan, de Pistoye et Duverdy, et notre honorable collègue, M. H. Moreau, dans un remarquable article du *Correspondant*, ont admis la légitimité du droit de prise des propriétés privées. « Si le droit de prise, disent MM. de Pistoye et Duverdy, ne peut « s'asseoir sur une base philosophique, il faut reconnaître que c'est « un moyen de guerre, un moyen de réduire les forces de l'ennemi « et de faire cesser le plus tôt possible l'état de guerre. » Cette base, qui s'appuie sur le droit de nécessité, suffit à MM. de Pistoye et Duverdy, et ce n'est pas sans raison.

En effet, le principe de la loi primitive, de la loi naturelle qui préside aux rapports des belligérants entre eux est celui-ci : faire à l'ennemi le plus de mal possible, lui nuire par tous les moyens que ne réprouve pas l'humanité, pour le forcer à la paix. Tel est le droit du souverain et du peuple qui font une guerre *juste*, et tous les souverains, tous les peuples ont la prétention de ne faire que des guerres justes. Ce droit primitif, découlant de la loi naturelle et admis par les publicistes, s'est conservé dans toute sa rigueur pour les guerres maritimes ; il a paru juste, raisonnable, conforme à la loi primitive de s'emparer sur mer des propriétés de l'ennemi, de ruiner son commerce, d'intéresser tous les citoyens à la prompte conclusion de la paix, en un mot de faire peser sur tout le peuple un joug si lourd, de lui faire entrevoir une ruine si complète, qu'un cri unanime de l'opinion ne tarde pas à s'élever pour demander la fin de la guerre comme on demande la vie.

Quand les publicistes ont porté la question sur ce terrain du droit de nécessité, leur argumentation semble bien sans réponse ; écoutons Grotius : « Ceux qui servent ou qui agissent contre l'ennemi à leurs « propres dépens ont ordinairement pour récompense la permission « de garder et de s'approprier les choses qu'ils prennent, comme

« nous l'avons remarqué ailleurs. On demande (et ce n'est pas sans « fondement) jusqu'où ils peuvent user de ce droit, sans violer les « règles de la véritable justice et de la charité? Voici, à mon avis, « comment il faut décider la question.

« Ce qui est juste ici, l'est, ou par rapport à l'ennemi, ou par « rapport à l'État avec lequel on traite. *Dans une guerre juste, on « peut, pour sa propre sûreté, ôter à l'ennemi, comme nous l'avons « établi ci-dessus* (chap. XIII, liv. III), *la possession de toutes les « choses qui sont capables de contribuer à entretenir la guerre; mais « à la charge de restituer ce qui est dû à l'État........ Soit que les « choses prises appartiennent à l'État ennemi,* ou *aux particuliers, « quoiqu'innocents de cet État;* car ce n'est que jusqu'à la concurrence de la dette qu'on acquiert la propriété de ce que l'on prend « sur les ennemis coupables ou non......

« Pour ce qui est de l'État même, avec la permission duquel ils « ont fait des captures sur l'ennemi, l'acquisition sera juste en con« science, s'il y a égalité dans le contrat; c'est-à-dire si les dépenses « auxquelles ils ont été engagés, et les dangers qu'ils ont courus, « égalent la valeur de l'espérance incertaine du butin » (1).

Vattel est du même avis :

« Puisqu'il s'agit, dans une guerre juste, de dompter l'injustice « et la violence, de contraindre par la force celui qui est sourd à la « voix de la justice, *on est en droit de faire contre l'ennemi tout ce « qui est nécessaire pour l'affaiblir et pour le mettre hors d'état de « résister, de soutenir son injustice; et l'on peut choisir les moyens « les plus efficaces, les plus propres à cette fin,* pourvu qu'ils n'aient « rien d'odieux, qu'ils ne soient pas illicites en eux-mêmes et pros« crits par la loi de nature » (2).

Puffendorf (3) disait de son côté :

« Dans la guerre, les belligérants semblent se dire : Faites contre « moi ce que vous pourrez ; je ferai de mon côté contre vous tout « ce qui me sera possible. »

Nous pourrions multiplier les citations des publicistes contemporains des guerres des XVIe, XVIIe et XVIIIe siècles, aussi bien que des publicistes plus modernes : quelques-uns combattent l'appréhension, l'occupation des propriétés de l'ennemi par les corsaires; mais tous reconnaissent le droit, pour la marine militaire de l'État, de saisir, au nom de l'État et pour le compte de l'État, les navires et les car-

(1) Grotius, liv. III, chap. VIII, page 930.

(2) Vattel, page 590.

(3) Liv. VIII, chap. VI, § 7.

gaisons des sujets ennemis; en un mot, ils légitiment les principes admis par le Congrès de Paris qui, en abolissant les corsaires, a conservé le droit de prise en faveur de la marine de guerre. Il faut, en effet, le remarquer encore, parce que cette idée domine toute la question : les prises faites d'après les principes du Congrès de Paris ont le même besoin de légitimation, de consécration que les prises faites par les corsaires. Si la capture faite par un bâtiment portant la flamme est de bonne prise, si elle est juste, légitime, consacrée par le droit des gens et par l'usage, si le Congrès de Paris ne viole pas les lois divines ou humaines en l'autorisant; la même justice, les mêmes usages, les mêmes lois doivent protéger les prises faites par les corsaires. Au fond des choses, n'est-ce pas la même propriété privée d'un citoyen ennemi qui est appréhendée? N'est-ce pas le même principe moderne que la guerre n'existe plus que de nation à nation, et non pas d'individu à individu, qui semble être violé? En changeant le capteur, on ne change pas la nature de la chose capturée : c'est toujours une propriété privée qu'on enlève à un paisible citoyen dont la patrie est en guerre avec la nation du capteur, mais dont la personne et les biens devraient être inviolables. Or, si cette inviolabilité n'est plus qu'un vain mot quand il s'agit de la marine de l'Etat, pourquoi l'Etat n'aurait-il pas le droit d'étendre les proportions de sa marine, d'appeler à son aide les navires et les capitaux des particuliers, et de les employer comme auxiliaires pour les prises maritimes, sauf à leur abandonner une partie de la prise, à titre de récompense?

Nous pouvons donc le répéter : si les prises sont justes et légitimes quand elles sont faites par les navires de l'État; elles sont justes et légitimes quand elles sont faites par des corsaires. Les publicistes ou les hommes d'État qui ont combattu le système de la course faite par les corsaires ne se sont pas, au reste, préoccupés de sa légitimité. Ils ont pu être frappés des inconvénients qu'en présente l'exercice et que nous ne chercherons pas d'ailleurs à dissimuler, tout en reconnaissant les services qu'elle peut rendre; ils se sont effrayés des maux passagers qu'elle semble devoir entraîner après elle; mais ils n'en ont pas nié la légitimité. Ils ont été logiques, conséquents avec eux-mêmes : en admettant le droit de prise comme légitime par les navires de guerre, ils ne l'ont pas mis en doute quand il est exécuté par les corsaires.

On nous permettra cependant d'insister, non pas tant sur la légitimité des prises, que sur le droit d'occupation que s'arroge le corsaire et sur l'attribution qui lui est faite de la propriété capturée. D'après nos idées modernes, une objection peut très-facilement se produire. On peut comprendre la capture d'une propriété privée par un vaisseau de l'État et pour le compte de l'État, quoiqu'en définitive, à l'encontre de ce qui se passait dans l'antiquité, alors qu'il y avait, à côté du duel général, autant de duels particuliers que de citoyens, la guerre n'existe plus que de nation à nation; mais on comprend moins facilement, nous l'admettons, l'appréhension par un particulier, par un corsaire, de la propriété ennemie. On comprend moins la théorie absolue du Droit romain : « *Ea quæ ex hostibus capimus, jure gentium statim nostra fiunt.* »

Il faut donc encore citer des autorités et savoir comment les publicistes ont jugé la question, en n'oubliant pas toutefois que les corsaires sont, en fait, les représentants de l'État; qu'ils n'agissent qu'investis de sa délégation, que munis de son autorisation, et que l'État semble leur dire : Je vous permets de faire, dans l'intérêt commun, ce que je vais faire moi-même. Que si l'État veut récompenser les services rendus par ces hardis marins qui vont ruiner le commerce de l'ennemi, n'est-il pas libre de le faire, en leur abandonnant tout ou partie des bâtiments et des marchandises qui faisaient la richesse de l'ennemi, comme il abandonne à ses propres marins une partie de la prise par eux capturée? Dans l'examen de cette question, il ne faut pas perdre de vue cette délégation de l'État donnée aux corsaires : elle est leur force et leur droit.

Venons-en aux citations. Il y a sans doute beaucoup à retrancher sur le passage de Grotius que nous allons rapporter; mais il résume très-bien les opinions des Jurisconsultes et les usages de son temps, sauf le socialisme qui marche à la suite de la doctrine, la constatation de Grotius doit faire loi :

« C'est une question plus difficile, de savoir, au profit de qui sont « acquises les choses prises sur l'ennemi dans une Guerre Publique « et en forme? Si c'est au peuple même, ou aux particuliers, soit « membres naturels du peuple, ou qui se trouvent alors compris « dans le corps du peuple. Les opinions des Jurisconsultes moder- « nes varient beaucoup sur ce sujet. Comme le Droit romain pose « pour maxime que les choses prises sont à ceux qui les prennent, « et le Droit canonique, que c'est au public à partager le butin : la « plupart des interprètes, se copiant les uns les autres, à leur ordi- « naire, ont prétendu que les choses prises sur l'ennemi appar- « tiennent premièrement et de droit à chacun de ceux qui les ont « eux-mêmes prises; mais que cependant il faut laisser au général « le pouvoir de les partager entre les soldats. Cette opinion est aussi

« fausse que commune..... Il n'y a pas de doute que le consentement des peuples n'ait pu établir indifféremment l'une ou l'autre « de ces deux règles, ou que les choses prises sur l'ennemi appartiendraient au peuple qui fait la guerre, ou qu'elles demeureraient « à quiconque les aurait prises lui-même. Mais il s'agit de savoir ce « que les peuples ont voulu effectivement établir; et pour moi, je « dis que leur volonté a été qu'on regardât les biens d'un ennemi, « par rapport à l'autre, comme des biens qui n'appartiennent à « personne (1). — Dig. L. 41, Tit. II, *De acquirendâ vel amittendâ* « *possessione*. L. I, § I, *Dominiumque rerum*.

« Selon le droit de nature, on acquiert, par une guerre juste, « autant de choses prises qu'il en faut (2) pour égaler la valeur de « ce qui nous est dû, et que nous ne pouvons avoir autrement, ou « pour châtier l'ennemi, en lui causant un dommage proportionné « à la peine qu'il mérite. Mais, ajoute Grotius, le droit des gens va « ici plus loin. Car selon les règles de ce dernier droit, non-seulement ceux qui ont pris les armes pour un juste sujet, mais encore « tous ceux qui font la guerre dans les formes, acquièrent la propriété de ce qu'ils ont pris à l'ennemi, et cela sans règle ni mesure, en sorte que toutes les autres nations doivent les maintenir « en possession de ces sortes de choses, eux et ceux qui les tiennent « d'eux, à quelque titre que ce soit. On peut appeler cela un droit « de propriété, eu égard aux faits extérieurs dont il est accompagné (3). » C'est le droit que Platon (*de Legib.*) appelait le droit du plus fort, le pillage; mais qu'il rangeait au nombre des manières naturelles d'acquérir la propriété. Grotius cite toutes les autorités de l'antiquité, et les nombreuses applications qui ont été faites de ce droit du plus fort; « et cela a lieu, ajoute-t-il, en matières de « choses mobilières, lorsqu'on les a emportées chez soi, c'est-à-« dire, dans les endroits dont on est maître... Par conséquent on « peut tirer cette conséquence, que les vaisseaux et autres choses « dont on s'empare sur mer, ne sont censées prises, que quand on « les a menées dans quelque port de notre dépendance, ou bien « dans l'endroit de la mer où se tient une flotte entière que l'on y « a convoiée, car ce n'est qu'alors que l'ennemi commence à désespérer de les recouvrer. Mais par le nouveau droit des gens « établi entre les peuples d'Europe, il suffit que ces sortes de

(1) Grotius, liv. III, chap. 6. — Edit. Barbeyrac, p. 800

(2) Voy. Grotius, liv. II, chap. VII, § 2.

(3) Grotius, liv. III, chap. VI, § 2, Edit. Barbeyrac, p. 793. — Puffendorf, liv. VIII, chap. VI. Edit. Barbeyrac, t. II, p. 402.

« choses aient été, pendant vingt-quatre heures, au pouvoir de celui « qui les a prises sur l'ennemi (1). »

Dans un autre passage, Grotius se rapproche davantage de la question des corsaires :

« Il faut distinguer entre les exploits militaires véritablement « publics et les exploits faits d'autorité privée à l'occasion d'une « guerre publique. Dans les derniers, les choses prises sur l'ennemi « sont acquises premièrement et directement aux particuliers, dans « les autres au peuple (2)... Pour ce qui est des choses mobilières, « ceux qui les prennent ou sont au service du public, ou ne le sont « pas : s'ils ne le sont pas, ce qui est pris est à chacun qui l'a « pris (3)... en supposant qu'il n'y ait pas là-dessus de loi civile. « Car il est libre à chaque peuple de régler autrement chez soi « l'acquisition des choses prises même sans autorité publique et « d'empêcher que les particuliers ne se les approprient (4). »

« Les jurisconsultes modernes remarquent, qu'en vertu d'un « usage établi presque partout, les alliés et les sujets, qui servent « à leurs dépens et à leurs risques et périls, s'approprient légitime- « ment ce qu'ils prennent à la guerre..... Cette maxime n'est pas « incontestable, à l'égard des sujets, parce que tout sujet doit ser- « vir l'État. Mais on peut dire, d'autre part, que dans les pays « où il n'y a qu'une partie des sujets qui aillent à la guerre, le « corps de l'État est tenu de les récompenser à proportion de ce « qu'ils prennent plus de peine et font plus de dépense pour le bien « public. » (5)

Præda sit hæc illis, quorum meruere labores.

PROPERCE, lib. III, *Élégie* IV.

Barbeyrac part d'un autre point de vue : « Sans supposer ici » aucun consentement général des peuples, il suffit de dire que l'état

(1) Consulat de la mer, chap. 283, 287. — Ordonnances des rois de France. — Barbeyrac et Grotius nous apprennent que cette coutume vient de l'Allemagne. De Thou raconte qu'en 159, la ville de Lière ayant été prise et reprise, dans le même jour, on rendit le butin aux habitants.

(2) Grotius, § 10. Edit. Barbeyrac, page 801. Barbeyrac et Puffendorf ont critiqué cette décision. (Liv. VIII, chap. 6, § 18.)

« Toute guerre publique se faisant par autorité du peuple, ou du chef du peuple, c'est de lui aussi que vient originairement tout le droit que les particuliers peuvent avoir sur les choses prises à l'ennemi : il faut toujours ici un consentement exprès ou tacite du souverain. »

(3) § 12, p. 803.

(4) § 13.

(5) Grotius, § 24.

« d'hostilité met en droit de prendre les choses qui appartiennent à « un ennemi, tout de même que si elles n'appartenaient à personne « et qu'elles fussent au premier occupant; parce que la loi qui défend « de prendre le bien d'autrui cesse entre deux ennemis, par cela « même qu'ils sont tels (1). »

Enfin Vattel a résumé les vrais principes : c'est la délégation de l'État qui couvre le droit des corsaires; c'est une concession du souverain qui leur attribue une récompense. « Le droit de faire la « guerre appartient uniquement à la puissance souveraine..... Les « sujets ne peuvent donc pas agir d'eux-mêmes, et il ne leur est « pas permis de commettre aucune hostilité, sans ordre du souve- « rain..... Mais si les sujets ont besoin d'un ordre du souverain « pour faire la guerre, c'est uniquement en vertu des lois essen- « tielles à toute société politique, et non par l'effet de quelque « obligation relative à l'ennemi; car dès le moment qu'une nation « prend les armes contre une autre, elle se déclare ennemie de « tous les individus qui composent celle-ci, et les autorise à les « traiter comme elle..... Mais si deux nations se choquaient ainsi « de toute la masse de leurs forces, la guerre deviendrait beaucoup « plus cruelle et plus destructive; il serait difficile qu'elle finit « autrement que par la ruine entière de l'un des partis (2).....

« Les armateurs, qui équipent à leurs frais des vaisseaux pour « aller en course, acquièrent la propriété du butin, en récompense « de leurs avances et des périls qu'ils courent, et ils l'acquièrent « par la concession du souverain qui leur délivre des commissions. « Le souverain leur cède ou le butin en entier, ou une partie; cela « dépend de l'espèce de contrat qu'il fait avec eux (3).

« Les sujets n'étant pas obligés de peser scrupuleusement la « justice de la guerre, *qu'ils ne sont pas toujours à portée de bien « connaître*, et sur laquelle, en cas de doute, ils doivent s'en « rapporter au jugement du souverain, il n'y a nul doute qu'ils ne « puissent, en bonne conscience, servir leur patrie, en armant des « vaisseaux pour la course, à moins que la guerre ne soit évidem- « ment injuste (4). »

(1) Barbeyrac, sur Grotius, note 5, p. 800.

(2) Vattel, p. 676.

(3) Vattel, p. 677.

(4) Vattel, p. 678.

IX

Droits de la guerre. — Devoirs envers les neutres.

Ainsi, et pour résumer la première partie de cet exposé, nous pouvons conclure : que le droit de faire des prises, considéré comme une conséquence rigoureuse, indispensable de la guerre, est un droit légitime, consacré par les publicistes et par l'usage constant des nations; que si ce droit est légitime pour les capteurs de l'État, il l'est aussi pour les corsaires agissant avec la délégation de l'État, et que la propriété privée de l'ennemi est justement acquise à celui qui s'en empare, soit qu'il s'agisse de l'État, soit qu'il s'agisse d'un corsaire, parce qu'il y a occupation d'une chose réputée *nullius*, si l'on veut suivre le droit romain et la première doctrine de Vattel; parce que c'est un principe du droit primitif naturel qu'on peut nuire à son ennemi par tous les moyens possibles, parce qu'il est juste et indispensable de pousser la guerre avec tant de vigueur qu'elle ne pèse pas trop longtemps sur les peuples qui la souffrent, parce que l'État peut déléguer son droit aux particuliers qui veulent le servir en leur abandonnant les profits de ce droit.

Cette considération de la vigueur qu'il faut imprimer aux opérations de la guerre mérite qu'on s'y arrête : elle ne touche pas seulement les belligérants; elle est aussi d'une grande importance pour les peuples neutres qui souffrent de la guerre. Les hostilités sont, dans certaines circonstances, nécessaires, indispensables; les hostilités peuvent être justes et efficaces; dans tous les cas, il faut qu'elles soient rapides, énergiques, terribles, et qu'elles conduisent le plus promptement possible à leur résultat final, la paix : tous les moyens que peut employer la force seront donc bons et efficaces, s'ils sont légitimes : or il est impossible de nier que la course, que les prises maritimes ne soient un moyen des plus redoutables pour ruiner l'ennemi, pour amener la ruine générale par la lassitude, par la gêne, par la ruine de tous les particuliers. La victoire elle-même et les énormes dépenses qu'elle entraine lassent quelquefois le vainqueur; de quelle influence ne doivent pas être ces défaites partielles et multipliées, ce danger continuel que présente la course à l'ennemi qui voudrait continuer son commerce? Il faut donc mener la guerre vigoureusement, rapidement; c'est une nécessité rigoureuse, mais c'est une nécessité qui légitime les prises maritimes. Lord Palmerston le disait dans une circonstance récente (1), alors que la guerre actuelle, sans

(1) Discours de sa Seigneurie aux électeurs de Tiverton, avril 1859.

être déclarée, était cependant imminente et que l'Angleterre s'apprêtait à la neutralité : « Il vaut mieux un mal vif mais prompt qu'un état permanent d'hostilités. » C'est qu'en effet les nations neutres et celles qui ont la prétention de garder la neutralité ont un intérêt puissant à ce que la guerre soit courte : une partie de leur liberté commerciale est enchaînée par les hostilités ; les ports sont bloqués, certaines marchandises sont prohibées, le droit de visite devra être plus rigoureusement exercé, la neutralité engage à des armements sans profit ; en un mot, le sol d'une partie du monde n'est pas ébranlé sans qu'on ne ressente au loin les effets de la secousse. Les belligérants doivent donc aux neutres, envers lesquels le droit des gens les engage, de ne pas les tenir trop longtemps dans cet état, qui n'est pour eux ni la guerre ni la paix.

X

Il faut répondre à la seconde partie de l'objection : Pourquoi les belligérants ne se conduisent-ils pas sur terre comme ils ont la prétention de se conduire sur mer? Pourquoi font-ils des prises avec leurs vaisseaux ou avec leurs corsaires, tandis qu'ils s'interdisent ce droit avec leurs armées de terre ou avec des corps-francs qu'ils n'osent plus lancer dans ces *liberis excursionibus* dont nous parle Godefroid, à propos des armées romaines? Le droit primitif n'est-il donc pas le même dans les deux cas? Le droit primitif n'est-il donc pas un et indivisible? L'objection serait sérieuse si en effet la position était la même dans les deux cas ; si le belligérant, qui peut bombarder une ville, la cerner de toutes parts et en interdire l'accès, lever des contributions de guerre, vivre sur le territoire de l'ennemi et à ses dépens, jouissait des mêmes avantages quand il fait la guerre sur mer. Assurément le droit primitif naturel est un et indivisible, mais il s'est modifié pour les guerres terrestres, dans l'intérêt même du vainqueur, au grand avantage du belligérant le plus fort, plutôt que dans l'intérêt et en vue de l'avantage du vaincu ou du plus faible. En effet, que le vainqueur conserve le pays conquis et y établisse sa domination souveraine, ou qu'il le détienne seulement comme un gage, quel est son intérêt, que doit-il faire pour assurer sa domination aussi bien que pour retenir son gage? Son plus grand intérêt est de protéger le vaincu, de ne pas le pousser au désespoir, de ne pas l'exaspérer par une spoliation complète et trop évidente : son armée est en pays conquis, sa domination n'est pas encore assise ;

s'il prend les propriétés privées, s'il s'entoure de ruines, que ne doit-il pas craindre du désespoir de ce peuple qui, n'ayant plus rien à perdre, sera prêt à tout emporter, puissance, domination et souveraineté, dans une de ces insurrections nationales auxquelles rien ne résiste. Dans une guerre terrestre, le plus grand intérêt du vainqueur est donc de ménager le vaincu ; mais surtout de ne pas prendre les propriétés privées trop directement : la répression, la vengeance, les conséquences les plus funestes seraient ici trop près de l'application rigoureuse que ferait le vainqueur du droit naturel de la guerre. Le peuple romain, maître dans l'art de la guerre et dans la manière de s'assimiler le vaincu, par cette domination qui mit le monde à ses pieds, le peuple romain sut résister souvent aux entraînements de la victoire : la politique lui commanda souvent de ne pas s'emparer immédiatement des dépouilles de l'ennemi : c'est ainsi que quand il envahit la Grèce, il rendit aux villes de la domination de Philippe et d'Antiochus une liberté qui protégea la victoire, mais qui, dans la Grèce dégénérée, ne pouvait pas être de longue durée. Il suffit d'ouvrir l'histoire des guerres de l'Empire pour voir comment, le plus souvent, Napoléon, tout en prenant le trône du roi vaincu, avait soin de ménager les populations dont il foulait le territoire : ses dépêches à ses maréchaux se terminent presque toutes ainsi, quand il va envahir un pays ennemi : « Payez tout ce que vous prendrez. »

Au surplus, dès que le vainqueur croira qu'il n'a plus rien à craindre de la suprême défense du vaincu, il reviendra à la loi naturelle; il y revient même, la plupart du temps, d'une façon indirecte et même quand il a tout à craindre, au moyen des contributions de guerre, des réquisitions, des impôts forcés. Or la situation est loin d'être la même dans les guerres maritimes et il est impossible au belligérant qui a souci des intérêts de la guerre qu'il a entreprise, de laisser sommeiller les droits que lui confère la loi primitive : sur la mer, qui n'appartient à personne, il n'y a pas de territoires à conquérir, pas de domination souveraine à imposer, pas d'impôts à recueillir, de contribution à frapper : il faut que le belligérant, s'il veut profiter de ses forces et des lois naturelles du droit des gens, s'empare directement du navire ennemi, des marins qui le montent et des marchandises qui le remplissent : il n'y a pas d'autre moyen d'user du droit de la guerre, d'utiliser la mer, qui sert de théâtre aux hostilités, et il a grand intérêt, on ne le niera pas, à soustraire ainsi, et du même coup, aux hostilités, à la défense des ports, des côtes, à la prospérité du commerce, des marins qu'on n'improvise pas comme des troupes de terre, des navires qui sont à la fois des capitaux considérables et des citadelles flottantes propres au service de l'État. Si on confisque le navire qui est une propriété particulière, si on le soustrait aux besoins du commerce, et si on prive l'ennemi du service des marins trouvés à son bord, pourquoi la cargaison ne suivrait-elle pas le sort du navire? pourquoi, il faut le répéter sans cesse, n'arriverait-on pas à la ruine générale, à la lassitude de tous, par la ruine et la lassitude de chacun? Supprimez la guerre, ou laissez-lui ses lois rigoureuses, mais naturelles et indispensables. Pourquoi une armée de terre aurait-elle le droit d'en anéantir une autre, de fouler aux pieds des champs couverts de moissons, de bombarder dans une ville toutes les propriétés privées, d'interrompre absolument le commerce par un siége, d'incendier une maison qui fait obstacle au jeu d'une batterie, si une armée navale, ou si les corsaires, qui en sont l'image, la délégation, qui opèrent comme elle, n'ont pas le droit de réduire l'ennemi à ne pas oser continuer son commerce (1)?

Ainsi, ce qui est permis et pratiqué sur mer serait aussi permis sur terre : si les belligérants n'usent pas directement de tous leurs droits sur terre, c'est qu'ils en ont reconnu l'impossibilité; mais s'ils veulent utiliser la mer et user de leurs forces navales, il faut nécessairement qu'ils permettent les prises maritimes et que sur mer ils ne négligent aucun des droits que leur confère la loi primitive.

XI

Objections contre la Course.

Toutefois, et nous l'avons annoncé déjà, les objections n'ont pas été épargnées aux prises maritimes, indépendamment de l'objection

(1) Les raisons qui déterminent M. Ortolan sont celles-ci :

1° Que la marine marchande, soit dans son personnel, soit dans son matériel, est un moyen de puissance navale toujours prêt à venir en aide à l'État belligérant dont elle relève, à recruter sa marine militaire, en un mot à se transformer à la première réquisition en instrument de guerre. A ce titre, elle tombe directement sous le coup des forces navales ennemies qui pourront l'atteindre.

2° Que si la marine marchande et les marchandises qu'elle porte étaient reconnues libres et inviolables quoique appartenant à l'ennemi, il serait libre à une puissance belligérante, en ne mettant en mer aucun bâtiment de guerre, de rendre illusoire à son égard les effets de la guerre maritime, de continuer à exploiter par ses navires de commerce les mers et les continents, et de puiser ainsi des moyens même de soutenir la lutte, dans les opérations de cette marine marchande, soit par les impôts, soit par l'accroissement de la fortune privée, dont l'ensemble en définitive constitue la fortune de l'État. — *Th. Ortolan*, *Règles internationales et diplomatie de la mer* (1853, t. II, p. 43, 44.)

générale tirée de la légitimité de la prise et de l'attribution de la propriété privée que nous avons essayé de résoudre. Les adversaires des prises se divisent en deux groupes bien distincts : ceux qui demandent l'abolition absolue, radicale, de toute espèce de course, qu'elle soit faite par les navires de l'État ou par les armateurs-corsaires; et ceux qui, comme le Congrès de Paris, reconnaissent l'efficacité des prises quand elles sont exécutées par la marine de guerre, mais répudient le concours des corsaires, tout en rendant hommage aux services qu'ils peuvent rendre, et cela uniquement à cause des désordres, des inconvénients de diverse nature que l'institution des corsaires peut entraîner à sa suite.

Nous devrions donc présenter deux séries de reponses; mais on comprend que nous ne reviendrons pas sur la réponse générale, sur les raisons qui ont porté le Congrès de Paris à maintenir la course par les navires de guerre : nous dirons tout à l'heure quelques mots de l'histoire de la course, de son efficacité et des services signalés qu'elle a toujours rendus à la France : cela nous paraît devoir suffire. La question est tout entière dans cette alternative: Vaut-il mieux arriver à la paix plus tôt que plus tard; mais, dans ce dernier cas, après avoir joui, pendant la guerre, d'un peu plus de liberté? Pour nous, comme pour le Congrès de Paris, la question n'en est pas une : quand la guerre est déclarée, quand une nation a le malheur d'être jetée dans des hostilités qui pèsent sur toutes les classes de la société, sur tous les intérêts, ce qu'elle doit désirer, avant tout, c'est la paix; c'est, par conséquent, comme nous l'avons dit, une guerre énergique, terrible, mais prompte; « *un mal vif, mais court* ; » qui vaut mieux pour un pays qu'une guerre qui traîne en longueur et mine sourdement tous les intérêts et toutes les richesses. Un négociant, un armateur aimera mieux, sans aucun doute, une guerre qui ne durera qu'un an, mais qui mettra en péril quelques-uns de ses navires, qu'une guerre prolongée de 7 ans, de 10 ans ou de 30 ans, lui donnant une liberté stérile, enchaînant dans les ports ses navires devenus inutiles à cause du malaise général qui pèse sur toute la nation.

Un passage de Grotius qui ne s'applique pas spécialement à la course et aux prises maritimes pourrait fournir un argument aux partisans de l'abolition des prises; nous donnons ce passage, en faisant remarquer que ce que nous avons cité de Grotius réfute Grotius :

« Mais il ne suffit pas de ne rien faire contre les règles de la justice rigoureuse, proprement ainsi nommée : il faut prendre garde de ne point pécher contre la charité chrétienne. Or c'est ce qui peut arriver, lorsqu'on ne nuira pas au corps entier des ennemis ou à leurs rois, à ceux qui sont coupables par eux-mêmes; mais à des personnes innocentes; et cela en sorte que par là on leur causera de grands malheurs, dans lesquels on ne pourrait sans inhumanité plonger un *débiteur* même particulier.

« Que si outre cela le pillage ne peut pas contribuer *considérablement* à finir la guerre, ou à diminuer les forces de l'État ennemi, il est indigne, je ne dirai pas d'un chrétien, mais d'un honnête homme, de chercher à s'enrichir uniquement en profitant du malheur de tous. » (1)

Mably est plus explicite et il demande formellement l'abolition des corsaires; il ne veut plus que les vaisseaux d'un belligérant puissent insulter les navires marchands: c'est le système américain. « Comment les nations qui regardent le commerce comme le fondement le plus solide de leur grandeur, et qui font tant d'efforts pour étendre leurs correspondances, n'ont-elles pas compris jusqu'à présent combien il leur serait avantageux de convenir entre elles de quelques articles propres à assurer la navigation de leurs commerçants, en temps de guerre? Interrogez les négociants anglais, hollandais et français, leur réponse sera la même. Ils voient avec horreur les armements en course; ils apprendraient avec la plus vive satisfaction qu'à la paix prochaine, les puissances belligérantes se sont promis, en cas de rupture, de ne plus permettre à leurs sujets le métier de corsaire, et de défendre à leurs vaisseaux d'insulter les navires marchands ennemis et de s'en saisir (2). »

Nous verrons la réponse que fait l'histoire à la question posée par Mably aux négociants de l'Europe.

XII

Le système américain a trouvé d'autres défenseurs anticipés parmi lesquels on sera certainement étonné de trouver Napoléon Ier, dont nous aurons à citer l'opinion, pour mettre une page de ses mémoires en contradiction avec les actes de tout son règne. Mais, avant d'aborder le système américain et les objections de détail qui sont faites à l'exercice du droit de prise par les corsaires, on nous permettra de clore nos citations par un passage de Valin, ce grand jurisconsulte, on peut lui donner ce nom, dont le commentaire sur l'ordonnance

(1) Grotius, chap. 18, liv. 3. Edit. Barbeyrac, p. 930.

(2) Mably. — Droit public de l'Europe, t. II, chap. 12

de la marine, aussi savant que complet, est peut-être la meilleure défense de la course. Valin écrivait vers le milieu du XVIIIe siècle ; tous les documents historiques, législatifs et jurisprudentiels sur les prises avaient été mis à sa disposition, et il put peser dans sa conscience de magistrat irréprochable, comme dans l'expérience des fonctions qu'il exerçait à La Rochelle, la légitimité et l'utilité de la course. Les détracteurs des corsaires excitent chez lui cette indignation un peu gourmée qui part toujours d'une conscience honnête et convaincue.

« Il est du droit de la guerre, dit-il, d'affaiblir son ennemi autant « qu'il se peut, en le troublant dans ses possessions et dans son « commerce. De là l'usage reçu de tous les temps chez les nations « en guerre, d'armer des vaisseaux pour s'emparer de ceux des en« nemis..... Quelque ancienne et autorisée que soit cette manière « de faire la guerre, il est néanmoins des prétendus philosophes qui « la désapprouvent. Selon eux, ce n'est pas ainsi qu'il faut servir « l'État et le prince ; et le profit qui en peut revenir aux particuliers « est illicite ou du moins honteux. Mais ce n'est là qu'un langage « des mauvais citoyens, qui, sous le masque imposant d'une fausse sa« gesse ou d'une conscience artificieusement délicate, cherchent à « donner le change, en voilant le motif secret qui cause leur indiffé« rence pour le bien et l'avantage de l'État.

« Autant ceux-ci sont blâmables, autant méritent d'éloges ceux « qui généreusement exposent leurs biens et leur vie aux dangers « de la course. Plus en état en quelque sorte de nuire aux ennemis « que le gouvernement avec l'appareil des flottes les plus formi« dables, ils lui rendent encore le service de le décharger du soin « d'armer à ses frais un grand nombre de vaisseaux, qu'il serait « obligé de destiner à la course, sans leur secours (1). »

Voilà comment l'honnête et savant magistrat du XVIIIe siècle, voilà comment un homme qu'on pourrait appeler l'émule de Pothier, pour le droit maritime, car, à l'exemple du jurisconsulte d'Orléans, il a fait de l'ordre avec le désordre des ordonnances et règlements accumulés par chaque guerre autour des principes du droit maritime, voilà, disons-nous, comment le commentateur des ordonnances jugeait les corsaires dont il avait appris à connaître les services, en compulsant les archives de l'amirauté, et qu'il avait vus agir sous ses yeux à La Rochelle.

Assurément les corsaires présentent des inconvénients, comme la plupart des institutions qui tiennent à l'exercice du droit de guerre ou

(1) Valin. — *Comm. sur l'ord. de 1681*, tit. 9 *des prises*. — Edit. de La Rochelle de MDCCLXXVI, p. 213, 214.

qui s'en rapprochent. Je n'ai pas l'intention de les dissimuler; mais ces inconvénients balancent-ils les avantages qu'une nation maritime, qu'une nation placée dans les conditions de la France peut retirer de cette institution? Je voudrais essayer de prouver le contraire. Cependant au début de mes études sur ce sujet, j'ai été arrêté par l'opinion sinon formelle, au moins implicitement énoncée dans le discours d'un homme d'État éloquent, d'un grand citoyen que j'ai appris à respecter depuis bien longtemps et avec lequel je rougis presque de me trouver en contradiction même apparente. Je veux parler de M. Lainé et du passage d'un de ses nombreux discours sur la loi de la piraterie présentée à la Chambre des Pairs en 1825. « La course n'est guère qu'une piraterie autorisée, disait-il; si les États ne renoncent pas encore à la course, au moins est-il juste de la rendre plus difficile et de donner un bon exemple. Ce n'est pas le premier qu'ait donné la France; en prohibant la course dans la guerre d'Espagne, S. M. a fait concevoir de nobles espérances aux publicistes qui s'affligent que les gouvernements délèguent à des corsaires la puissance publique dont ceux-ci font usage pour désoler le commerce paisible et s'enrichir, en dépouillant des hommes désarmés étrangers à la guerre. La belle conduite de la France a retenti dans cette portion de l'Amérique qu'on peut nommer la fille ainée de l'Europe, et les Etats-Unis proclament des principes qui permettent d'espérer que le droit des gens, sacré dans la guerre de terre, deviendra aussi le droit maritime (1). »

Il ne m'est pas permis de tenter même un essai de réponse directe aux nobles paroles que je viens de rapporter. Je ne veux dire que deux choses : la loi de 1825 qui les a provoquées, et dont M. Lainé adoptait l'ensemble, reconnait la course. — En second lieu, le rapporteur de la loi, le baron Portal, se chargera tout à l'heure de combattre l'opinion de M. Lainé, et je ne demanderai que la permission de rapporter sa réponse (2).

Oui, nous ne l'ignorons pas, les corsaires peuvent, après la guerre, devenir quelquefois des pirates; les matelots employés à bord des navires qui font la course peuvent avoir appris à ne plus aimer la discipline, à supposer que la discipline n'existe pas sur les corsaires, qu'elle soit moins nécessaire là qu'ailleurs : il peut s'en être trouvé quelques-uns qui n'ont pas eu le courage de reprendre la vie paisible de la marine marchande. Mais cette objection atteint aussi

(1) Discours de M. le vicomte Lainé, à la Chambre des Pairs, séance du 23 février 1825, *Moniteur* du 24.

(2) Voy. aussi l'opinion implicitement exprimée par M. le duc de Broglie, dans la même discussion.

bien les marins de l'Etat, auxquels le Congrès de Paris a conservé le droit de faire la course, que les corsaires eux-mêmes. Si l'inconvénient doit exister, à la paix, il existera aussi bien pour les deux marines; et cependant la marine de l'Etat aura le droit de faire la course. N'est-il pas vrai de dire plutôt que cet inconvénient est attaché à tout ce qui tient à la guerre : il y a des natures qui, après s'être courbées sous la discipline, ne peuvent plus souffrir d'autre joug, si léger qu'il soit, et deviennent indisciplinables au moment de l'émancipation; il y en a d'autres qui, après avoir profité de ce qu'on appelle la licence des camps, ne peuvent vivre qu'au milieu du désordre. C'est ce qui arrive dans les guerres terrestres, comme dans les guerres maritimes. Ce sont les épaves de la guerre; et si la course ressemble à la piraterie on ne disconviendra pas que la guerre, quelle qu'elle soit, ne ressemble un peu à la barbarie; il faut donc, puisque la guerre doit présenter des avantages (ce qui serait une question dans beaucoup de cas), en accepter les inconvénients. Si quelques pirates viennent après les corsaires, — n'avons-nous pas vu les coureurs de grands chemins, pour ne pas leur donner un autre nom, succéder au passage des armées régulières, n'avons-nous pas vu des militaires quitter leurs drapeaux et s'organiser en compagnie pour piller et profiter des désordres de la guerre ou des premiers moments de paix? Nous ne parlons pas seulement des guerres du moyen âge, des compagnies franches et en un mot de tous les corps francs flétris sous le nom de *Chenapans* par leurs contemporains et par l'histoire; nous voulons parler des guerres du commencement de ce siècle et de la campagne que le Premier Consul fut obligé d'organiser contre les pirates de terre qui désolaient les grandes routes de certaines provinces. « Patience, disait-il, donnez-moi un mois ou deux pour conclure la paix, et je ferai une prompte et complète justice des coureurs de grande route (1). » Il leur tint parole, comme César aux pirates de Cilicie.

Ce qu'il vaudrait mieux se rappeler, c'est qu'il est impossible de déchaîner un fléau comme la guerre, sans qu'il ne laisse autour de lui et après lui les traces profondes de son passage. Brantôme a dit pour les capitaines de son temps une parole qu'on peut appliquer à certains militaires de toutes les époques : « Quand ils ont une fois sucé du lait de dame Bellone, jamais ils ne s'en sâoulent. » Oui,

(1) M. Thiers, *Consulat et Empire*, t. 2, p. 162.
En 1801, on fut obligé d'instituer des tribunaux spéciaux pour réprimer le brigandage des grandes routes.

comme nous l'avons dit tout à l'heure, après des habitudes d'une licence quelquefois nécessaire, après la facilité de s'enrichir promptement, quoiqu'au milieu des dangers de la mer et du feu de l'ennemi, quelques natures n'accepteront pas ce qu'elles appelleront le joug de la paix; c'est une nécessité de tous les temps et de tous les lieux. Faut-il se rappeler les paroles avec lesquelles Tacite, qui n'a négligé aucune occasion de flageller la tyrannie et la corruption de l'âme, a flétri tous ceux qui abusent de leur position pour se perpétuer à la guerre : *Corruptâ totiens victoriâ, non falsè suspectus Bellum malle* (1). Ce n'est pas à l'obscur Vocula que s'adressent les paroles de l'historien. Elles percent cette obscurité pour envelopper du même coup les soldats que dévore l'ardeur du pillage et les chefs qu'une vaine fumée de gloire, stérile au moins, si elle n'est dangereuse pour leur patrie, appelle à la tête de leurs armées, sans qu'ils aient l'excuse des entraînements et des souvenirs de la victoire.

A toutes les époques, l'histoire nous montre de tels hommes, de tels chefs : en 1521, Lautrec ne fut-il pas accusé, non sans quelque raison, d'avoir négligé une victoire qui aurait terminé la guerre? Le maréchal de Biron, qui avait au moins l'excuse d'une ambition militaire satisfaite par la victoire et par la réputation non contestée d'un des grands capitaines de son temps, mais dont le sens moral s'était oblitéré dans les intrigues et les conspirations, ne disait-il pas à son fils, sur un reproche d'avoir manqué la victoire et laissé échapper la paix : « Oui, la guerre était terminée, et il ne nous restait « plus qu'à aller planter des choux à Biron. »

Ce que l'histoire flétrit chez les capitaines dont nous venons de parler, elle le constate presque toujours, et dans une mesure plus ou moins grande, chez les soldats qui sont la honte de l'armée, mais qu'on rencontre malheureusement partout et toujours. En pleine paix même, on trouvera de ces natures hardies qu'un irrésistible penchant pousse en dehors des habitudes régulières et conduit à l'inconnu : il y en a d'héroïques qui meurent glorieusement loin de leur pays; il y en a d'éhontées qui, dans des aventures préparées de longue main, cherchent avec une nouvelle patrie l'acquisition facile des richesses d'autrui. — C'est la faute de la guerre, c'est la faute de l'humanité, ce n'est pas le vice d'une institution dont le mal est un mal nécessaire.

Néanmoins, nous citerons l'opinion de Franklin qui résume l'objection à laquelle nous avons essayé de répondre. Le système pro-

(1) Tacite, *Hist.*, lib. IV — 35.

duit par les Etats-Unis, en 1856, est, comme on va le voir, en germe dans les paroles de l'illustre fondateur de leur indépendance.

« L'usage de piller les marchands sur la mer, reste de l'ancienne piraterie, quoiqu'il puisse être avantageux à quelques personnes, est loin d'être profitable à tous ceux qui s'y engagent ou à la nation qui l'autorise. Dans le commencement d'une guerre, quelques bâtiments ne se tenant pas sur leurs gardes sont surpris et capturés, ce qui encourage les premiers aventuriers venus à équiper d'autres navires armés; mais l'ennemi, devenu plus attentif, équipe avec plus de soin ses navires marchands; ils naviguent sous la protection des convois, et tandis que les corsaires se multiplient pour les prendre, le nombre des navires sujets à être pris diminue tellement qu'il y a beaucoup de courses où les dépenses excèdent le gain et que, bien que des aventuriers trouvent un butin profitable, la masse y perd... Ajoutez à cela la perte nationale du travail de tant d'hommes qui dépensent en ivrognerie et en excès ce qu'ils pillent; qui, perdant leurs habitudes d'industrie, sont rarement capables d'une occupation raisonnable après la guerre, et ne servent plus qu'à augmenter le nombre des vauriens et des voleurs. Juste punition que le ciel leur envoie pour avoir, de sang-froid, ruiné tant d'honnêtes marchands qui gagnaient la fortune de leurs familles, en servant les intérêts communs de l'humanité (1). »

Il est bien entendu que nous ne saurions qu'applaudir à ces dernières paroles de Franklin, et que nous déplorons, comme lui, les excès auxquels conduit l'acquisition trop facile de la fortune. Nous rappelons seulement que ce n'est pas la course seule qui produit ces désordres qu'il devient de jour en jour plus facile de réprimer. Pour ne rien dissimuler, nous dirons qu'il nous a été affirmé qu'en 1820, un corsaire des guerres de l'Empire, qui aurait dû prendre sa retraite depuis six années, battait encore, comme pirate, certains parages alors peu fréquentés des mers du Sud. Il paraît bien difficile qu'aujourd'hui la même situation se puisse présenter : tous les parages sont explorés et sont devenus explorables en très-peu de temps, au moyen de la vapeur. Si, après la conclusion de la paix, les épaves des corsaires tentaient de désoler quelques parages, une escadrille d'avisos à vapeur aurait bientôt supprimé les distances et mis à la raison ces pirates qui se trompent d'époque. Il n'y a donc, dans les

(1) Ces considérations passèrent dans le traité conclu en 1785 entre la Prusse et les États-Unis. — Art. 23.

Franklin; correspondance avec le commissaire anglais au moment du traité de 1785.

faits de cette nature qui peuvent être signalés, qu'un inconvénient passager et aujourd'hui difficile, contre lequel d'ailleurs une forte discipline et la surveillance continuelle de l'Etat et de ses croiseurs sont une garantie suffisante (1).

XIII

Système proposé par les États-Unis d'Amérique.

Avant de nous résumer sur l'utilité et l'efficacité de la course et d'entrer dans le domaine de l'histoire pour citer des faits et même des chiffres à l'appui de notre opinion, il est temps de parler du système américain. Nous demandons que les prises maritimes soient faites à la fois par les vaisseaux de l'Etat et par les armateurs particuliers; le Congrès de Paris supprime les corsaires et laisse le soin de la course aux seuls navires de guerre; l'Amérique demande la liberté absolue des mers, au milieu de la guerre, et l'abolition radicale des prises. Le commerce se ferait comme si la guerre n'existait pas; de telle sorte, si on veut nous passer la comparaison, que le dieu Janus aurait réellement deux visages, même pendant les hostilités, celui de la guerre pour les flottes, celui de la paix pour le commerce.

Ce système n'est précisément pas nouveau : Mably l'avait entrevu, Franklin le faisait passer dans un traité; et, qui le croirait! Napoléon Ier, l'auteur du blocus continental, *aurait voulu* le faire prévaloir.

Déjà, dans les manifestes de 1806 (2) et de 1812 (3), dans ces décrets sur lesquels nous aurons plus tard occasion de revenir, et où la main de fer qui voulait gouverner l'Europe se fait voir et sentir sans artifice, l'idée d'une liberté absolue du commerce apparaît, alors que le commerce anéanti n'a plus conscience de son existence et pourrait regarder la liberté comme un vain luxe, qu'on remplace, du reste, par la plus effrayante des tyrannies.

(1) L'Etat pourrait facilement renouveler la précaution qui était prise par l'ordonnance de 1584, art. XXXII. « Pourra ledict admiral, s'il voit que bon soit, mettre en chacun des navires armés pour la guerre, ung homme habillé à sa deuise, pour en ses mains mettre les chartes-parties et autres enseignements trouuez ès mains des prisonniers qui seront pris par les dits navires et de tout faire rapport. » — Art. 19 de 1543.

(2) Décret de Berlin.

(3) Rapport du ministre des relations extérieures au sénat.

Plus libre de donner carrière à une idée qu'il a si peu mise en pratique, Napoléon a été très-explicite dans ses Mémoires ; c'est le système américain tout entier qui apparait sous la plume du rédacteur des décrets de Milan : « Il est à désirer qu'un temps vienne « où les mêmes idées libérales s'étendent sur la guerre de mer, et « que les armées navales des deux puissances puissent se battre, « sans donner lieu à la confiscation des navires marchands, et sans « faire constituer prisonniers de guerre de simples matelots du « commerce ou les passagers non militaires. Le commerce se ferait « alors sur mer, entre les nations belligérantes, comme il se fait sur « terre, au milieu des batailles que se livrent les armées (1). »

Assurément le contraste est frappant ! et Napoléon prêchant la liberté, la liberté du commerce, se réfute trop facilement par lui-même et par ses propres œuvres, pour qu'il soit nécessaire d'insister.

Le système américain, nous l'avons dit, est un système de liberté absolue. Après la paix de Paris, toutes les nations maritimes du monde furent invitées par les nations signataires du traité de 1856 à adhérer aux propositions que nous avons rapportées. L'adhésion des Etats-Unis ne fut que conditionnelle : ils consentaient à la suppression des corsaires ; mais à la condition que la mer serait toujours libre pour le commerce, et que les belligérants eux-mêmes pourraient continuer leur navigation, comme si la guerre n'existait pas. Sinon ils maintenaient le droit de prise et par les navires de l'Etat, et par les armateurs particuliers. Voici comment s'exprime le *mémorandum* de M. Marcy, ministre des affaires étrangères de l'Union : « Le gouvernement américain pense qu'on doit sérieuse- « ment craindre que si l'emploi des lettres de marque était aban- « donné, la domination des mers n'appartînt à celle des puissances « qui adoptent la politique et ont en même temps le moyen d'en- « tretenir de puissantes marines. Celle qui a une supériorité navale « reconnue serait virtuellement maîtresse de l'Océan, et, par l'abo- « lition des lettres de marque, cette domination lui serait encore « plus sûrement garantie.

« Une pareille puissance engagée dans une guerre contre une « nation inférieure à elle par ses forces navales, n'aurait rien à faire « pour protéger et garantir son commerce, et n'aurait à s'occuper « que des navires de la marine régulière de son ennemi. Elle pour- « rait le tenir en échec avec la moitié seulement, ou même moins, « de ses forces navales, tandis que l'autre moitié serait employée à « expulser de l'Océan le commerce de son ennemi.

(1) Mémoires de Napoléon Ier, t. III, chap. VI, § 1.

« Les fâcheux effets d'une immense supériorité navale ne seraient « pas beaucoup diminués pour les Etats plus faibles, si cette supé- « riorité se trouvait répartie entre trois ou quatre grandes puissances. « Il est incontestablement dans l'intérêt de ces Etats plus faibles de « s'opposer et de résister à une mesure qui tend à agrandir encore « l'importance des établissements maritimes réguliers. »

Les principes développés dans la note de M. Marcy ont été diversement interprétés en Europe. L'Angleterre, nous apprend M. Moreau, les a reçus ou avec un enthousiasme réel, ou avec une colère mal déguisée; tandis que M. Cobden, en souvenir du Congrès de la Paix, préconise le système américain, le journal de lord Palmerston l'accable de sarcasmes et d'injures; le *Times*, comme pour justifier, par la couleur locale, le style de son confrère le *Morning Post*, qui avait parlé des *acrobatismes* de la logique de M. Marcy, change adroitement d'opinion en peu de mois. Les gouvernements de France et d'Angleterre n'ont encore rien dit; mais la Russie a approuvé le système Marcy d'une manière implicite.

Quoi qu'il en soit, l'Amérique admet la légitimité des prises par les corsaires, puisqu'elle ne veut que conditionnellement du système de 1856. Il est facile de voir que les arguments développés par M. Marcy s'appliquent non-seulement à l'Amérique, qui n'a que 72 bâtiments de guerre, mais encore à toutes les nations qui n'ont pas la formidable marine de l'Angleterre; elle seule en effet aurait à gagner à la suppression des corsaires et au maintien des prises par les navires de l'Etat, puisqu'elle pourrait couvrir les mers de ses capteurs, sans qu'aucune autre nation pût lui opposer des forces proportionnées. Quant à la suppression radicale des prises, nous croyons qu'elle est impossible; nous croyons qu'elle ne sera acceptée par aucune des puissances de l'Europe dont la marine peut compter dans l'équilibre européen; nous croyons surtout que la France ne doit pas et ne peut pas abandonner le droit de faire des prises: elle a toujours usé de cette arme avec un grand bonheur; ce serait faire la partie trop belle à ses ennemis que de s'en passer, sans compensation même apparente.

XIV

M. Xavier Raymond, dans le *Journal des Débats* du 22 octobre 1856, a répondu, par un long article, à la note de M. Marcy : c'est tout un réquisitoire contre la course, qui se résume en deux points principaux : des raisons historiques et des raisons de civilisation et d'humanité ; un point de vue pratique et un point de vue moral. La France, dit en résumé M. X. Raymond, a fait, depuis deux cents ans, trois guerres maritimes ; deux de ces guerres ont été malheureuses sous Louis XIV, et sous Napoléon, et la France a employé des corsaires ; la troisième a été heureuse, elle s'est terminée par le glorieux traité qui a reconnu l'indépendance de l'Amérique du Nord, et les armements en course n'avaient pas été pratiqués ; le sort des guerres, tant par terre que par mer, la paix, en définitive, ne dépendent que des batailles rangées, que des armées et des flottes régulières, surtout aujourd'hui que le matériel des armées navales a subi de si importants perfectionnements.

L'argumentation historique du rédacteur des *Débats* pêche par sa base : il suppose que la France n'a pas usé des armements en course pendant la guerre de l'Indépendance américaine : c'est là une erreur absolue que nous relèverons avec des faits historiques irréfutables, quand nous nous occuperons nous-mêmes de l'histoire de la course. Que M. X. Raymond et les partisans de son système veuillent bien tenir pour certain que Louis XVI employa contre le commerce anglais cette arme terrible des prises maritimes exécutées par le plus grand nombre de navires possible, et qu'elle eut une influence décisive sur la paix, au XVIIIe siècle, comme elle en avait eu une au XVIIe (1). — Ce n'est pas une guerre maritime que Louis XIV eut à soutenir, soit qu'il eût à provoquer, soit qu'il eût à résister, ce sont plusieurs guerres qui désolèrent ou illustrèrent ce long règne, ce sont, par conséquent, plusieurs traités de paix qui furent signés. Louis XIV, conseillé par Colbert, par Vauban, aidé de Tourville, de Duquesne, de Jean-Bart, de Petit-Renan, ne cessa d'employer les corsaires, et l'influence du mal qu'ils causaient à l'ennemi, la terreur qu'ils inspiraient, ne furent pas une des moindres causes des traités de paix qui mirent fin aux différentes guerres maritimes de ce siècle. Nous montrerons comment la paix de Nimègue, comment celle de Ryswick furent, avec d'autres raisons sans doute, amenées par la crainte salutaire des corsaires.

M. X. Raymond semble méconnaître l'influence que peut avoir la ruine du commerce sur l'opinion d'une nation belligérante, puisqu'il ne voit, dans les destinées de la guerre, que les batailles rangées. Il s'étonne que les hommes d'État des États-Unis aient méconnu cette vérité : que dira-t-il alors de l'opinion des hommes

(1) Voy. p. 68, 69, 70.

d'État de l'Angleterre que lord Clarendon a ainsi résumée, à la Chambre des Lords, le 10 août 1854 :

« Le blocus que nous exerçons sur les ports russes permet à notre commerce de fleurir, et ce blocus anéantit à peu près le commerce extérieur de la Russie. Je sais que ce ne sont pas là des résultats très-héroïques; mais ils auront du moins cet avantage de créer une plus forte gêne dans toutes les classes de la population russe; ils exercent une influence sur l'opinion publique, et, selon moi, ce sont des résultats plus considérables même que si Sébastopol et Helsingfort étaient tombés à la satisfaction de notre vanité et de notre ambition nationale. »

Il est impossible de mieux définir le mal qu'on peut causer au commerce, et l'influence de ce mal, surtout quand on ne peut pas en causer d'autre et que sir Ch. Napier est impuissant à entamer les murs de Cronstadt. M. X. Raymond ne conteste pas d'ailleurs cette influence, au moins implicitement, puisqu'il soutient ou semble soutenir la doctrine du Congrès de Paris, lequel réserve à la marine de l'État le soin de faire des prises. — La nouvelle tactique des armées navales change-t-elle quelque chose à l'exercice de la course? S'il est nécessaire de causer du mal au commerce de l'ennemi, ce mal sera plus considérable, voilà tout, puisqu'on pourra faire la course avec des navires à vapeur et que lord Clarendon a déclaré que le commerce deviendrait difficile, sinon impossible. Or, il faut le constater, deux nations en guerre qui ne pourraient plus faire aucun commerce seraient bien près de faire la paix, si ce commerce leur est indispensable.

Dans l'ordre moral, M. X. Raymond combat éloquemment la légitimité de la course : le corsaire n'est pas un soldat qui fait la guerre, c'est un spéculateur qui en veut à la bourse des marchands ennemis. Nous avons déjà reproduit ces objections qui ne sont pas neuves et nous nous sommes retranché, pour y répondre, derrière le traité de Paris. Si la propriété particulière de l'ennemi est de bonne prise pour les marins de l'État, avons-nous dit, pourquoi ne le serait-elle plus quand l'État a délégué ses droits à des particuliers qui lui prêtent le secours de leurs capitaux et de leur courage? S'il est nécessaire de ruiner le commerce de l'ennemi avec les vaisseaux de l'État, pourquoi ne pas faire concourir à cette ruine des forces plus imposantes?

On pourrait induire des quelques mots de Portalis que nous avons rapportés au commencement de cette étude, que son opinion « de faire le moins de mal possible en temps de guerre » conduirait à l'abolition des corsaires et même des prises maritimes. Montesquieu avait émis la même idée en lui donnant un correctif : « sans nuire à ses propres intérêts. » Mais il faut citer tout le passage de Portalis, et montrer avec lui que le mal qu'on peut causer à l'ennemi est une des premières et des plus impérieuses nécessités de la guerre :

« Il faut même convenir que la théorie en apparence la plus parfaite n'est pas toujours la plus convenable dans la pratique. La maxime du sage doit être, non de chercher le mieux absolu, que les choses et les hommes ne comportent peut-être pas, mais ce mieux relatif qui est toujours à notre portée, qui est indiqué par l'expérience, et qui sort des principes de la raison assortis aux besoins de la société... On peut croire d'ailleurs que l'interruption du commerce entre les nations belligérantes produit le bien de lier, dans chaque gouvernement, les dangers du citoyen aux dangers de la patrie; de communiquer à l'intérêt général toute l'énergie de l'intérêt personnel; de décourager par l'épuisement prévu des ressources l'ambition des conquêtes ou celle d'une vaine gloire; de modérer la pétulance des projets par le sentiment des maux qu'ils entraînent; de mettre l'inquiétude des citoyens qui souffrent aux prises avec les fantaisies des magistrats qui gouvernent; enfin, de rendre les gouvernements plus circonspects à commencer la guerre et plus disposés à la terminer (1). »

XV

Les prises maritimes pendant la Révolution française.

Nous avons dit que le système mis en avant, en 1856, par les États-Unis d'Amérique n'était pas un système nouveau. Nous aurions dû ajouter qu'on en avait quelquefois essayé l'application dans les traités; mais que ces bonnes intentions n'avaient pas duré plus que la paix. Le 26 novembre 1675, le roi de Suède et les États-Généraux des Provinces-Unies signent une convention par laquelle : « *nemo respective subditorum vel incolarum earum, armaturam navalem exercere audeat, quam vulgo commissiewaerders vocant.* » Mais la guerre éclata bientôt entre les parties contractantes et des lettres de marque furent délivrées comme par le passé. En 1679, la Suède et la Hollande traitent de nouveau et elles sont obligées de

(1) Conseil des prises, 14 floréal an VIII.

reconnaître « qu'on n'a pas pu exécuter exactement l'ancien traité, à cause des nécessités de la guerre (1). »

Le traité à propos duquel Francklin a écrit les lignes que nous avons rapportées est de 1785 : il est conclu entre la Prusse et les États-Unis. La paix qui n'a cesser de régner entre les parties contractantes ne leur a pas permis de violer leurs conventions : nous aimons à croire qu'elles les auraient respectées; cependant, lorsqu'en 1799 elles renouvelèrent leur alliance, il ne fut pas fait mention de l'article qui abolissait la course.

A part les deux traités dont nous venons de parler, celui de 1856 est le seul où différentes nations de l'Europe aient parlé de l'abolition de la course par les armateurs ; car, nous devons le faire remarquer, les traités du XVIIIe siècle, comme celui du XIXe, conservent aux navires de guerre le privilége ou, si l'on veut, le monopole des prises. De telle sorte que ce n'est pas là le système américain de 1856, le système de Franklin et celui de Napoléon. Mais si les nations maritimes du globe n'ont pas souvent, dans leurs traités publics, essayé d'abolir les corsaires ou les prises d'une manière absolue, quelques efforts ont été tentés isolément, en France même, dans les assemblées de la Révolution. Nous devons faire mention des discussions provoquées par ces tentatives, puisque nous voulons présenter une histoire de cette partie du droit des gens, aussi complète que possible, et fournir des arguments aux partisans comme aux adversaires de la course.

Le 29 mai 1792, Kersaint présente à l'Assemblée législative, au nom des comités diplomatiques de la marine et du commerce, un rapport ainsi conçu :

« L'Assemblée nationale, considérant que la guerre étant l'acte « le plus éminent de la souveraineté des peuples, ne peut se faire « légalement que par les nations elles-mêmes et non par des « particuliers et pour leur compte; qu'il est de l'intérêt de toutes « les nations policées de l'Europe de proscrire et d'abjurer l'usage « de faire la guerre par la voie des corsaires, parce que cet usage « entraîne nécessairement après lui la violation des propriétés et « du droit des gens, et que n'étant et ne pouvant être, par sa « nature, soumis à d'autres règles qu'à celles que lui donne la plus « aveugle des passions, l'avidité, il est fréquemment accompagné « d'actes d'inhumanité; considérant que la course menace également « les nations belligérantes et les nations en paix ; que, loin d'accé-

(1) Dumont, t. VII, p. 316 et 432.

« lérer la marche de la guerre vers son terme, elle aigrit au contraire « les peuples, dont elle ruine les particuliers; qu'entretenant l'esprit « d'injustice et le penchant au dol et à la fraude, elle s'oppose au « développement des principes propres à l'amélioration de l'espèce « humaine; considérant qu'il importe aux puissances maritimes de « se garantir mutuellement des suites des entreprises que l'intérêt « particulier pourrait vouloir tenter sous le pavillon des nations en « guerre... Il importe également à l'honneur du peuple français de « commencer, par son exemple, une répression et une réforme qui « n'est pour lui qu'une conséquence des droits de l'homme et de la « constitution pour la défense desquels il a pris les armes. »

Le député Lassource répondit à M. Kersaint, en demandant l'application des principes du Congrès de Paris : « Quoique je pense, dit-il, qu'il faille défendre l'armement en course, je ne suis pourtant pas entièrement de l'avis du comité. Sans doute il y a peu de différence entre les pirates et les corsaires. Tranchons le mot : on devient bientôt brigand insigne, quand on est voleur patenté. Si donc vos comités s'étaient bornés à défendre l'armement en course, ils auraient donné un grand exemple à l'Europe entière; mais ils ont franchi les bornes, en voulant que nos vaisseaux de guerre ne puissent prendre les vaisseaux de commerce ennemis, lors même que les corsaires ennemis prendront bien les nôtres. Vos comités ont-ils pu croire que si un gouvernement quelconque se permettait de confisquer les biens des particuliers français résidant dans son territoire, le gouvernement français n'userait pas de représailles contre les particuliers de cette nation qui résideraient en France? Et ce qui serait juste sur terre cesserait-il de l'être sur mer? Un coup de canon se repousse par un coup de canon; la prise d'une ville se compense par la prise d'une autre ville : de même la prise d'un vaisseau par la prise d'un autre vaisseau. Nous avons déclaré que nous voulions respecter les propriétés des particuliers; mais nous n'avons pas dit, nous n'avons pas pu dire que la nation française serait comme un troupeau de moutons auxquels les étrangers pourraient impunément enlever une toison. Autant les canons seraient déplacés à la tribune, autant la philanthropie serait déplacée à la bouche du canon. »

M. Rouyer ajoutait : « Sans doute, il est dit par la constitution que vous renoncez à entreprendre aucune guerre de conquête (1);

(1) Il est au moins curieux de voir la Révolution tenir ce langage, au moment de la conquête de la Belgique, d'une partie de la Suisse et de la Savoie. La Révolution a toujours posé des principes pour en tirer des conséquences contraires.

mais cependant, si, dans le cours de la guerre que vous faites au roi de Hongrie, vos troupes prennent quelques villes, elles seront certainement bien prises. Il en est de même de la marine. La même raison qui a milité en faveur de la guerre par terre, milite en faveur de la guerre par mer. Je sais qu'en faisant la guerre aux rois, nous ne la faisons pas aux peuples et que nous voulons respecter les propriétés des particuliers. Je réponds à cela : N'est-il pas vrai que, depuis que la guerre est déclarée, nos troupes ont été dans le cas de faire des incursions... Il est donc probable que des propriétés particulières ont été outragées... D'ailleurs si vous défendez la course, vous vous ôtez de grands moyens contre vos ennemis. »

C'était le langage de la raison ; mais l'Assemblée voulait à tout prix faire ce qui lui semblait être de la philanthropie : elle invita le pouvoir exécutif à négocier avec les puissances étrangères pour faire abolir les armements en course et assurer la liberté du commerce.

M. Emmery, de Saint-Malo, avait dit : « Je suis d'une ville qui a fait le plus d'armements de ce genre ; je vous assure que les mille ou douze cents corsaires qu'elle a armés dans la dernière guerre ont fait plus de mal à l'Angleterre que les marines des deux maisons de Bourbon réunies. Cependant cette ville ne désire pas la continuation de ce genre d'armement. Je vous propose donc de charger le roi de négocier, dans les différentes cours, l'abolition de la course, et d'ajourner les projets qui vous sont présentés. »

Vergniaud ajouta : « Je ne nie pas la justesse des principes qui ont été mis en avant et je désire qu'ils puissent bientôt trouver leur application ; mais je dis que s'il n'y a pas de folie, il y a au moins de l'imprudence à vouloir qu'une nation agissante, isolée, sacrifie sa sûreté, comme on vous propose de le faire.

« M. Guadet a dit que proposer de continuer l'armement en course, c'était comme si on plaçait des hommes pour dévaliser sur la route de Vienne. Je réponds à M. Guadet qu'il existe un droit des gens, et qu'en supposant que les hommes qu'il poste sur la route de Vienne soient revêtus d'un uniforme, toutes leurs actions seront légitimes, quoiqu'elles ne soient pas naturelles. Faisons des vœux pour l'abolition de cette barbarie ; mais n'abandonnons pas un droit qui nous mettrait sous le glaive de l'ennemi. »

Rien ne résistait alors à la parole toute-puissante de Vergniaud, et l'Assemblée renvoya la proposition aux Comités.

La proposition de la Législative se produisait à un moment où pouvait éclater la générosité de la France : la guerre n'existait que contre l'Autriche, la Prusse et la Sardaigne : c'est-à-dire contre des puissances privées de marine et dont il aurait été bien facile de ruiner le commerce.

Plus tard, quand la guerre éclata avec l'Angleterre, il fallut la combattre par tous les moyens possibles, et Brissot, à la fin de janvier 1793, dut proposer à la Convention le rétablissement de la course :

« La Convention nationale, considérant que le gouvernement anglais, par ses dispositions hostiles et le renvoi de notre ambassadeur, donne lieu de faire craindre à la République française l'invasion prochaine des bâtiments employés pour son commerce, et voulant se mettre en mesure à cet égard, en conciliant néanmoins les intérêts particuliers avec l'intérêt général, décrète :

« Les citoyens français pourront armer en course. »

XVI

Considérations en faveur des Prises maritimes.

Ainsi l'abolition absolue des prises, la suppression même des corsaires n'eurent pas plus de succès dans les assemblées législatives de la France, qu'elles n'en avaient eu dans les traités européens : si la théorie sembla séduisante, si elle apparut, de temps en temps, comme des éclairs de philanthropie, elle n'eut jamais aucune influence sur la pratique. Jusqu'à la déclaration de 1854, il ne s'est rencontré qu'un gouvernement qui ait voulu, au moment de commencer des hostilités, se priver d'un auxiliaire aussi puissant que la course. La Russie, dans la guerre qu'elle fit à la Porte-Ottomane, de 1767 à 1774, n'arma pas de corsaires dans la Méditerranée. Des raisons toutes spéciales déterminèrent le cabinet de Saint-Pétersbourg : il pouvait, sans grand danger, se passer du secours des corsaires. Le même motif a sans doute déterminé les cabinets de Paris et de Londres, lorsqu'en 1854, au moment de la déclaration de la guerre d'Orient, ils ont déclaré que, *pour le moment*, ils ne délivreraient pas de lettres de marque : en effet, les deux nations conservaient le droit de faire agir leurs marines militaires. Or, on conviendra que rien de ce qui est possible ne saurait résister aux marines combinées des deux pays : elles suffisaient largement à elles seules à paralyser complétement le commerce de la Russie : un coup d'œil jeté sur la carte de l'Europe le démontre. La mer du Nord est fermée par les glaces pendant une partie de l'année; il suffisait qu'au moment de la débâcle une petite escadre fermât un étroit passage, pour que les commerçants russes fussent obligés de rester enchaînés dans leurs ports, comme si la débâcle des glaces n'eût pas eu lieu. Du côté de la mer Noire, c'était bien autre chose: il était impossible de passer les Dardanelles, et la mer Noire elle-même, qui devenait le théâtre principal des hostilités, allait être sillonnée par les deux plus puissantes marines du monde, de façon à ce qu'il fût impossible d'y naviguer sans leur permission (1). Le ministère des affaires étrangères de France put donc, sans grand danger pour les combinaisons de la guerre, publier la déclaration qu'on connaît et renoncer temporairement à la course. Nous croyons savoir cependant que le ministère de la marine aurait jugé différemment cette philanthropie diplomatique, et qu'il a regretté l'influence de la déclaration de 1854 sur les décisions du Congrès de Paris.

Quoi qu'il en soit, nous devons ici nous rattacher à la course des corsaires, à l'usage suivi de tout temps en Europe et particulièrement en France, et demander le rétablissement des lettres de marque délivrées aux armateurs. Ce n'est plus de l'utilité des prises maritimes en général et de leur légitimité dont nous avons à parler, ce n'est plus même de la légitimité des prises exécutées par les corsaires, légitimité sur laquelle nous ne reviendrons pas, c'est de l'utilité spéciale des corsaires dont nous avons à dire quelques mots.

Le plus grand pas est fait, la plus grande difficulté est vaincue, ce nous semble, quand on a démontré la légitimité des prises et leur utilité en général, comme le fait le Congrès de Paris. S'il est vrai que les prises ruinent le commerce de l'ennemi et le paralysent, s'il est vrai que la ruine du commerce épuise toutes les forces d'une nation, s'il est vrai que toutes les sources alimentées par le commerce maritime soient taries quand ce commerce périclite; s'il est juste et raisonnable de précipiter les événements de la guerre dans l'intérêt particulier de la nation qui se bat et des neutres envers lesquels le droit des gens impose des devoirs; s'il faut que la guerre soit *vive et prompte*; en un mot, si les prises sont utiles, malgré les inconvénients que nous avons nous-même signalés, pourquoi ne pas y faire concourir toutes les forces d'une nation?

(1) Le très-petit nombre de prises exécutées pendant la guerre d'Orient prouve bien que les négociants russes avaient jugé impossible de s'aventurer loin de leurs côtes.

pourquoi ne pas y associer les armateurs qui veulent bien sacrifier leurs capitaux et aventurer leur vie? Il y a telles situations, telles guerres dans lesquelles la course des armateurs sera inutile; quand la marine d'un des États belligérants sera évidemment plus puissante que celle de son ennemi, quelle nécessité, pour le plus fort, de délivrer des lettres de marque? Il vaudra beaucoup mieux alors que les négociants continuent un commerce dans lequel ils sont sûrs de n'être pas troublés; ils courraient inutilement une mer sur laquelle ils sont assurés de ne pas trouver les navires marchands de l'ennemi; ils n'ont qu'une chose à tenter : les remplacer dans le commerce de commission que ces ennemis faisaient entre d'autres nations; quant à la course, elle serait stérile. Mais l'ennemi plus faible, l'ennemi dont la puissance navale ne s'équilibre pas, quelle ressource a-t-il pour arriver à cet équilibre? comment fera-t-il pour atteindre son ennemi? Il n'a qu'un moyen, la course. La Russie n'a pas voulu user de ce moyen pendant la guerre d'Orient : sa position géographique le lui interdisait; le blocus effectif des deux détroits par lesquels elle peut passer lui ôtait la liberté de ses moyens; mais elle avait une autre ressource dont la menace fit pousser à l'Angleterre des cris de terreur. La Russie pouvait délivrer des lettres de marque aux armateurs américains et leur donner le droit de courir sus à ses ennemis. Que serait devenu le commerce de l'Angleterre en face du déchaînement de ces aventuriers qu'un respect mal défini du droit des gens empêche de s'emparer de Cuba, en pleine paix? L'Angleterre en frémit, et cette menace seule l'aurait sans doute rendue plus pacifique dans le Congrès de Paris, puisqu'elle n'avait rien à craindre pour ses intérêts commerciaux. C'est ainsi que, d'après les différentes positions des nations, positions géographiques, position de puissances navales, les intérêts et les situations peuvent changer. Vis-à-vis de certains peuples, dans certaines guerres, la France pourra renoncer au droit, nous dirons même à la nécessité d'avoir des corsaires. Dans d'autres cas, au contraire, il y aurait imprudence à laisser l'équilibre maritime se former contre elle et à professer, pour un principe nouveau, un respect qu'elle serait bientôt obligée d'abandonner.

Toutes les raisons développées dans la Note de M. Marcy viennent ici à l'appui de notre opinion : Une nation, dont la puissance navale est moins forte, doit chercher l'équilibre dans l'armement des corsaires; « elle ne peut se mettre à la merci des puissances dominantes...... le commerce d'une seule nation (la nation prédominante sur mer) est donc seul intéressé à l'abolition de la course.... » — L'intérêt des autres c'est de se servir de cette arme si utile.

M. Marcy disait vrai en développant cette idée que la nation prédominante sur mer était seule intéressée à l'abolition de la course. Lorsque le ministère anglais apporta au Parlement le traité de Paris, il fut vivement interpellé sur les concessions qu'il avait cru devoir faire aux principes du droit des gens et à la liberté des mers. On lui reprocha d'avoir sacrifié les intérêts et les vieux droits de l'Angleterre à ce que certains membres du Parlement appelaient les prétendus droits des neutres. Que répondirent les ministres? Qu'assurément l'Angleterre sacrifiait quelques-uns de ses droits contre les neutres; mais qu'en retour, elle y gagnait l'abolition de la course, chose infiniment plus précieuse. Lord Palmerston, à la Chambre des Communes, fait à la cause de l'humanité l'honneur du sacrifice que semble faire l'Angleterre; mais il n'est douteux pour personne, surtout pour ceux qui ont entendu les cris de terreur poussés par les journaux anglais, quand la Russie sembla menacer le commerce britannique de ses lettres de marque délivrées aux Américains, que l'abolition des lettres de marque n'ait été reçue avec joie en Angleterre. Lord Palmerston disait : « C'est nous qui avons le plus gagné à ce changement, par suite duquel, pendant toute cette guerre, nos relations commerciales n'ont pas souffert, et j'ai la confiance que nous aurons fait faire un grand pas à la cause de l'humanité, si nous parvenons à faire abolir la pratique d'armer en course et de délivrer des lettres de marque (1). »

« Veuillez considérer que l'abolition des lettres de marque, disait lord Clarendon, à la Chambre des Lords, est bien plus importante aujourd'hui qu'elle ne l'a jamais été à aucune autre époque. Lorsque le bâtiment marchand et le corsaire attendaient tous deux du vent leur puissance motrice, ils étaient comparativement sur le pied de l'égalité, et c'était le plus fin voilier qui prenait l'avance.

« Mais la majeure partie de notre commerce se faisant actuellement sur des bâtiments à voile serait à la merci d'un corsaire, quelque petit qu'il fût, faisant la course à la vapeur.

« En conséquence, je regarde l'abolition des lettres de marque comme étant du plus grand avantage pour un peuple aussi commerçant que le peuple anglais (2). »

Quand nous étudierons le droit des neutres, nous verrons quels obstacles l'Angleterre a toujours mis à son légitime développement

(1) Séances du 5 mai 1856.

(2) Lord Clarendon à la Chambre des Lords. (*Moniteur* du 25 juin 1856.)

et quel haut prix elle a attaché à la conservation des vieux principes du droit des gens nés du Droit romain et organisés au moyen âge. Jusqu'en 1854, jusqu'à la veille des hostilités, elle a tenu pour les maximes contraires à l'intérêt des neutres; elle n'a cédé qu'à l'influence de la France. Après la signature du traité de Paris, dans le Parlement, 102 voix contre 156 (1) ont rejeté ce traité parce qu'il avait répudié *les droits de l'Angleterre*. « Notre grandeur et notre gloire, disait Pitt, à ce même Parlement, le 2 février 1801, notre existence même, enfin tout ce qui nous constitue nation est lié à l'exercice de ce droit. Il faut, ajoutait-il plus tard, nous envelopper dans notre drapeau et nous ensevelir sous les mers plutôt que de permettre l'admission de tels principes (les principes des neutres) dans le droit maritime des nations. »

Et cependant l'Angleterre a répudié l'opinion de son grand ministre; les successeurs de Pitt ont désavoué ses doctrines. Pourquoi? Lord Clarendon l'a dit franchement au Congrès de Paris : L'Angleterre sacrifie le droit des neutres, « ce qui fait sa grandeur, son existence, parce qu'on lui fait le sacrifice de la course. » Le comte Clarendon rappelle qu'ainsi que la France, l'Angleterre, au commencement de la guerre, a cherché par tous les moyens à en atténuer les effets, et que, dans ce but, elle a renoncé, au profit des neutres, durant la lutte qui vient de cesser, à des principes qu'elle avait invariablement maintenus. Il ajoute « que l'Angleterre est disposée à y renoncer définitivement, *pourvu que la course soit également abolie pour toujours*. Que la course n'est autre chose qu'une piraterie organisée et légale, etc. (2). »

De l'aveu même de ses hommes d'État, c'est l'Angleterre qui a le plus gagné à la suppression de la course. Si les nobles lords dont nous avons rapporté les paroles avaient pu être plus francs, ils auraient dit que l'Angleterre seule avait gagné à cette abolition. Or, un instinct national semble nous le dire : quand il s'agit de puissance navale, d'intérêts du commerce maritime, là où l'Angleterre gagne, la France perd; si l'équilibre se rompt au profit de l'Angleterre, ce ne peut être qu'au détriment de la France. A côté de l'instinct national, les faits, les chiffres et les raisonnements qu'ils inspirent sont là pour le fortifier. Si l'Angleterre reste indifférente à propos de l'abolition de la course (ou si elle y applaudit, dans l'intérêt de l'humanité), c'est que sa marine militaire est assez puis-

(1) Séance du Parlement, 22 mai 1856.

(2) Congrès de Paris, séance du 8 avril 1856 : — Protocole n° 22.

sante, d'une part pour protéger sa marine marchande, de l'autre pour exécuter des prises ou paralyser le commerce de son ennemi. Elle a tout à craindre des corsaires, nous le montrerons tout à l'heure par l'histoire; elle a par conséquent tout à espérer de leur abolition. Avant lord Palmerston et le comte de Clarendon, veut-on savoir ce qu'en pensait Fox? Son opinion nous a paru curieuse à rapporter. Dans un long et substantiel discours sur la marine, le grand orateur constate :

« Que maintes fois des flottes marchandes considérables, retenues « par la crainte des coureurs français, n'étaient parties qu'en temps « inopportun, faute de convoyeurs de la marine royale, et qu'ainsi « avaient été perdus pour les marins anglais la saison de la pêche à « Terre-Neuve, le grand marché indien à Québec, les foires de Sa- « lerne et de Sinaglia, dans la Méditerranée..... Jamais le commerce « des Indes occidentales n'avait souffert de plus grandes pertes que « dans le temps actuel..... Les Français ont pris un nombre consi- « dérable de vaisseaux de cette contrée; deux vaisseaux faisant « partie du convoi d'Irlande sont tombés en leur pouvoir, pendant « qu'une flotte considérable était contrainte de rester dans le port « Cork..... Ce n'est pas une opinion que j'aventure, disait Fox en « terminant, ce sont des faits prouvés par des pièces authenti- « ques. »

Il semble que ces paroles n'aient pas été entendues de ce côté-ci du détroit : le Directoire ne fit rien pour favoriser la course, et il fallut une pétition des armateurs de Bordeaux pour réveiller l'administration de sa torpeur : « L'armement en course, disait Leborgne, « rapporteur de la commission de la marine, était un puissant « moyen de raviver notre commerce, de désoler celui des Anglais, « de les forcer à de grosses dépenses pour convoyer leurs vaisseaux « marchands, et la course a éprouvé les plus grands obstacles, de « l'ancien Directoire..... »

Mais le Consulat n'attendit pas de nouvelles plaintes : dans un rapport, le tribun Perrée disait : « Tant que durera la guerre, la « course est le seul commerce des ports, le seul moyen de repro- « duction par la présence des matières premières, la seule barrière « à la sortie du numéraire pour l'achat des denrées coloniales, pour « laquelle aucune exportation n'entre en compte-courant avec les « nations. En vain l'ignorance, les préventions et les prétentions se « coaliseront pour détruire cette association utile de la guerre et du « commerce; il n'en est pas moins démontré par les faits que la « France monarchique et la France républicaine en ont retiré de

« grands avantages. Raynal a consigné, dans son histoire phi-
« losophique, les services rendus par la course dans les guerres de
« ce siècle. Les événements de la guerre de 1778 sont présents à
« votre mémoire. »

Perrée ajoutait que jusqu'à la fin de l'an VII la course avait produit 3,461 prises (sans compter celles conduites aux colonies), s'élevant à 750 millions.

Voilà comment les corsaires français étaient jugés en Angleterre et en France : les chiffres, du reste, sont plus éloquents que tous les raisonnements et même que l'instinct national : nous avons pu en relever quelques-uns, en regrettant de n'avoir pu connaître d'une manière officielle le relevé des différents conseils des prises qui se sont succédé en France.

De 1744 à 1748, la seule ville de Dunkerque fit pour 12 millions de prises. En 121 ans, elle enleva aux Anglais pour 550 millions de marchandises ou de navires.

Du 1er ventôse an IV au 1er prairial an IX, 150 corsaires sortirent des ports de Boulogne et de Calais : ils firent 201 prises évaluées à 12,939,745 livres. 16 corsaires seulement furent pris. 1967 sujets anglais restèrent prisonniers des Français.

D'après le *Lloyd* de Londres :

Les Anglais avaient enlevé à la France :

1793.......	63	navires.
1794.......	88	—
1795.......	47	—
1796.......	63	—
1797.......	114	—
	375	navires.

La France avait enlevé à l'Angleterre :

1793.....	261	navires.
1794.....	527	—
1795.....	502	—
1796.....	414	—
1797.....	562	—
	2,266	navires.

Ainsi, quand on descend dans le domaine des faits et des chiffres, on est facilement amené à cette conclusion : que les corsaires rétablissent l'équilibre rompu par la trop grande supériorité des forces navales de guerre mises à la mer par l'Angleterre. L'Angleterre elle-même, dont l'infériorité sous le rapport des forces de terre a été si douloureusement constatée pour le prestige de ses armes, dans des circonstances récentes, ne craint pas d'aller demander à l'enrôlement des étrangers, à la constitution des corps-francs, le rétablissement de l'équilibre. Si c'est une nécessité pour elle, en ce qui concerne les forces de terre, pourquoi la France ne jouirait-elle pas du même privilége à l'occasion des forces de mer? L'instinct national, l'opinion de l'Angleterre (1), son exemple, les chiffres, la nécessité d'un équilibre des forces navales, les faits historiques dont nous allons parler, tout, en un mot, plaide en faveur du rétablissement des lettres de marque.

Nous ne saurions mieux finir cette partie de notre argumentation qu'en citant l'opinion d'un des ministres de la marine les plus éclairés que la France ait eus, dans la direction de ses affaires maritimes. Cette opinion est d'autant plus impartiale, d'autant plus importante, que celui qui l'a émise n'était ni un marin ni un militaire. Sa capacité bien connue de négociant et d'armateur, sa haute probité et l'honorabilité de son caractère l'avaient seules porté à la tête de la marine française et fait de lui un grand ministre, au milieu de cette phalange d'hommes distingués et de ministres parlementaires qui seront l'éternel honneur du gouvernement de la Restauration et la gloire de la ville de Bordeaux. Nous voulons parler du baron Portal, qui fut ministre de la marine du roi Louis XVIII.

La Restauration avait reçu de l'Empire une marine bien délabrée. Après le désastre de Trafalgar, qui fut une lutte héroïque, après

(1) Pendant que l'Angleterre proclamait avec la France le principe de l'abolition des corsaires, au moment de la guerre d'Orient, elle ne craignait pas d'augmenter ses forces de mer déjà si considérables par l'adjonction de volontaires, dont elle provoquait l'enrôlement au moyen des affiches suivantes, placardées dans les ports du Royaume-Uni :

Le *Moniteur de la Flotte* du 28 février 1857, a reproduit une de ces curieuses affiches :

AVIS AUX MARINS.

Pour la formation des équipages suivants :

Acorn, à Chathou.

Elk, à Chatam.

Trafor, à Porstmouth, etc., etc.

Rations régulières de qualité supérieure et excellents vêtements à prix réduits.

Des pensions

seront accordées à ceux qui seront *blessés* et à ceux qui quitteront le service avec certificat de bonne conduite. Et, quand par l'âge et les infirmités, les marins engagés prendront leur retraite, ils seront reçus dans le noble établissement de Greenwich, où ils auront

des pipes et du grog.

S'adresser au lieutenant commandant, à la taverne du Royal Rendez-Vous, et à la taverne de Lord Byron.

d'autres désastres moins considérables, mais tout aussi funestes, Napoléon, emporté d'ailleurs par d'autres idées et par l'exécution d'autres projets, avait été obligé, malgré lui, d'abandonner la marine ; il était d'ailleurs assez mal servi, comme il l'a remarqué lui-même, dans cette partie de son administration. La Restauration et M. Portal avaient tout à refaire, tout ou presque tout à créer. Cependant certaines éventualités pouvaient se produire qui nécessiteraient l'emploi de la marine ; que va faire le ministre prévoyant ? Il va faire deux choses : créer un nombre considérable de petits bâtiments de l'État propres à causer la ruine du commerce de l'ennemi ; en second lieu, s'appuyer sur les corsaires. « Ne pouvant nous présenter en ligne de bataille, devant éviter des engagements trop « inférieurs..... il ne nous restait, ce me semble, qu'à nous arranger, à nous organiser de telle manière, qu'en rendant nos forces « maritimes suffisantes pour protéger nos principaux intérêts, elles « fussent éminemment propres à faire le plus grand mal possible à « l'ennemi. » — Et M. Portal propose au roi, dans un rapport qui est un admirable enseignement, la création de petits bâtiments en nombre aussi considérable que possible. Ce n'est pas tout, et M. Portal ajoute : « Il est d'ailleurs nécessaire de ne pas perdre de vue que « par la raison même que nous entrions dans un système de course, « il fallait à la fois faire la part de ce qui ne peut être bien exécuté « que par les forces de l'État, et la part de ce qui sera ou pourra toujours être mieux ou aussi bien exécuté par des entreprises personnelles, c'est-à-dire par l'armement des corsaires pour comptes « particuliers, tant dans nos ports que dans nos établissements « d'outre-mer..... Je me proposai par conséquent de revoir notre « législation sur la course, de la rendre plus favorable aux armateurs, de faire de ces entreprises la pensée et la préoccupation de « tout notre littoral ; de nationaliser ainsi la guerre maritime et de « lui donner l'appui, l'immense concours des intérêts privés (1). »

XVII

Protection accordée aux Armateurs-Corsaires par les différents gouvernements de la France.

Portée jusqu'à ces proportions, la course devenait, pendant la guerre, quelque chose comme une institution nationale : M. Portal l'envisageait comme elle doit l'être, et au surplus, comme elle l'a

(1) Mémoires du baron Portal, ancien ministre de la marine, p. 238, 239.

toujours été en France par les divers gouvernements, qui tous en ont usé largement, et par la nation elle-même. En ministre prévoyant et sans préjugés, M. Portal ne ménageait pas les encouragements aux corsaires ; il ne craignait pas qu'on l'accusât de protéger les pirates. Et peut-être n'est-il pas indifférent de jeter ici un rapide coup d'œil sur les encouragements dont les armements en course ont été l'objet jusqu'aux guerres de l'Empire. La protection et l'excitation vont quelquefois bien loin ; il n'est pas de faveur qu'on n'accorde aux corsaires ; il fallait donc que les gouvernements considérassent les services que rendaient les corsaires comme réels, comme utiles, nous pouvons dire même comme indispensables. On va en avoir la preuve ; et, quand on songe que c'est Louis XIV, c'est-à-dire la personnification du gouvernement, qui a donné à la France la marine la plus développée et la plus puissante, dont les encouragements pour les courses ont été les plus efficaces, il faudra bien être forcé d'avouer que les armements en course comptent pour quelque chose dans les forces navales d'une nation.

Avant Louis XIV, les ordonnances de 1543 et de 1584 avaient dispensé les armateurs de répondre des délits de leurs gens, à moins d'une complicité évidente(1). Plus tard les ordonnances exigèrent une caution ; mais la caution indéfinie qui ralentissait les armements en course fut remplacée, en 1681, par une caution de 1,500 livres. Nous avons vu que Louis XIV avait imaginé de prêter ses propres vaisseaux aux armateurs (2) : les règlements des 5 octobre 1674, 19 novembre et 20 novembre 1688, 15 avril 1689 et 5 décembre 1691, ne laissent, à cet égard, aucun point en suspens. En 1694 le cinquième du profit dut être réservé pour le roi, qui y renonça le 1er juillet 1709, au plus fort de la guerre ! « Car c'est ainsi, dit Valin, que plus les besoins de l'État deviennent pressants, plus le roi est obligé de sacrifier ses intérêts. » Un arrêt du Conseil du 4 octobre 1672 dispensa les armateurs du droit d'octroi pour les vivres nécessaires à l'avitaillement des vaisseaux ; il en fut de même des fermes du roi, en 1745 : le dixième des prises qui, de tout temps, avait été accordé à l'amiral, en échange, en quelque sorte, de la délégation royale dont les corsaires étaient investis, fut même suspendu (3).

(1) Cleirac, art. 33 de la Jurisp. de marine. — Art. 7 de l'ord. de 1650.

(2) Voy. p. 11. — Note.

(3) Voy. Valin, t. 2, p. 378, 380, 382, 384. – Ordonn. et règlem. de 1756, 1757, 1743, 1745, etc., etc.

Nous ne parlons pas ici des privilèges étrangers à la France, comme celui d'Al-

Louis XVI confirma ou étendit ces dispositions protectrices, et les corsaires, pendant les guerres de la Révolution et de l'Empire, jouirent des mêmes priviléges.

Toutes ces faveurs firent éclore ce qu'on appela alors la Société des *Armateurs de la Liberté*, au capital de 20 millions, qui demanda, sans l'obtenir cependant, l'exemption du droit d'enregistrement pour la transmission de ses actions. Il faut lire, comme un des plus curieux documents de l'époque révolutionnaire, le rapport de Thibaudeau à la Convention, sur la marine : au milieu des exagérations que semble gonfler encore le langage officiel du temps et du lieu, Thibaudeau ne dit que la vérité sur les armements en course (1), dont on considérait alors les succès comme des victoires, puisque les lettres annonçant les prises étaient lues à la tribune de la Convention comme de vrais bulletins de bataille (2).

Une pensée n'a cessé de nous frapper, quand nous avons étudié les lois et les ordonnances qui, dans l'ancien et le nouveau régime, ont traité avec tant de faveur et de protection efficace les corsaires et leurs armements : c'est que, pour avoir à un si haut point éveillé l'intérêt de tous les gouvernements, leur institution doit être d'un concours utile et précieux dans la guerre. On nous permettra au surplus, sans que nous ayons la prétention de faire une histoire des corsaires ou des armements en course, d'appuyer notre opinion de certains faits pris, en quelque sorte, au hasard, dans chaque siècle et à chaque guerre. Ce rapide exposé suffira pour montrer que les corsaires ont été pendant longtemps toute la marine française, qu'ils n'ont cessé, depuis que cette marine a été créée, de rendre, à côté d'elle, les services les plus signalés, de précipiter le dénoûment de la guerre et d'inspirer à l'ennemi, surtout à l'ennemi le plus redoutable sur mer, une crainte dont il ne peut se défendre, qui a eu son écho bien souvent, et tout récemment encore, dans le Parlement anglais.

phonse III d'Aragon, au moment de la guerre contre le Portugal. (Pardessus), t. V, page 293. »

Au XIVe siècle: « Ordinacions de tot vexell qui armara per mar en cors è de toda armada que s'faça per mar, etc., etc. »

(1) On devait s'attendre à trouver dans le rapport de Thibaudeau, devenu, de conventionnel farouche, sénateur de l'Empire, toutes les injures qu'on avait alors l'habitude d'accumuler contre l'ancien régime. Thibaudeau semble n'avoir pas assez de sarcasmes contre ce qu'il appelle les priviléges de l'ancienne marine royale (la plupart du temps le privilége de se faire tuer), et il conclut ainsi : « Jean Bart, de simple pêcheur, devint chef d'escadre! »

(2) Le style des capitaines corsaires est quelquefois curieux.

XVIII

Nécessité de la Course démontrée par l'histoire.

L'histoire nous a conservé peu de renseignements sur la course et les prises maritimes dans l'antiquité. Nous ne savons qu'indirectement par les orateurs et les poëtes grecs que ces prises étaient pour les armées régulières un auxiliaire puissant, et pour le commerce des ennemis, frappé d'ailleurs d'interdiction par les belligérants, une cause de ruine (1). Un passage du livre Ier, ch. XI des *Offices* de Cicéron, pourrait faire croire qu'à Rome, toute expédition était interdite en dehors des armées régulières : c'était au moins l'opinion de Caton (2), c'était le conseil qu'il donnait à son fils ; mais nous savons et nous avons pu constater nous-même que les textes du droit n'étaient pas aussi scrupuleux que Caton et qu'ils permettaient ces entreprises, ces *excursions libres*, comme dit Godefroid, dont le butin et le profit appartenaient au premier occupant.

En France, l'origine de la course et des prises remonte aux temps les plus reculés de notre histoire. L'organisation des armées de terre ayant précédé l'organisation des forces navales (3), les rois de France se trouvaient dans l'impossibilité de faire au plus ancien, au plus cruel de leurs ennemis, à l'Angleterre, une guerre qui pût troubler ses possessions et son commerce. La partie n'était pas toujours égale et nos rois furent obligés de jeter dans la balance, pour équilibrer les forces navales, pendant les longues guerres que la France a été obligée de faire à sa rivale, la course et toutes ses conséquences. Au moyen de la course, la France a causé plus de mal à l'Angleterre qu'avec ses flottes et ses armées régulières : ne pouvant aller l'at-

(1) V. Démosthènes *in Timocrat.*—Aristophane *Acharnaniens*, acte IV, scène II ; acte III, scène IV.—Isocrate, *Trapezit.*—Démosthènes, *Discours sur la Couronne.*

(2) « Popilius Imperator tenebat provinciam : in cujus exercitu Catonis filius tyro militabat. Quum autem Popilio videretur unam dimittere legionem, Catonis quoque filium, qui in eadem legione militabat, dimisit. Sed, quum amore pugnandi in exercitu remansisset, Cato ad Popilium scripsit, ut, si eum pateretur in exercitu remanere, secundo eum obligaret militiæ sacramento : quia, priore amisso jure, *cum hostibus pugnare non poterat....* Monet igitur filium, ut caveat, ne prœlium ineat. *Negat enim, jus esse, qui miles non sit, pugnare cum hoste.* »

(3) M. Moreau remarque avec beaucoup de raison que les armées permanentes et régulières ont été créées plus tôt sur terre que sur mer, parce que les Rois redoutaient plus leurs vassaux turbulents que les négociants occupés de leur commerce maritime.

teindre dans son île, il a bien fallu s'en prendre à son commerce; ne pouvant égaler la supériorité de ses forces navales, il a fallu la vaincre en détail, et les corsaires, qu'on a eu tort, selon nous, de reléguer jusqu'à présent dans l'ombre de l'histoire, ont largement suffi à cette tâche nationale (1).

L'insuffisance de la marine militaire, le peu d'habitude qu'on avait des flottes, leur emploi dans les circonstances seulement extraordinaires et avec le concours des alliés, les grandes ressources financières qu'il fallait déployer pour les équiper, telles furent les causes des armements en course. A côté de quelques vaisseaux que le grand amiral équipait à ses frais, la France ne faisait la guerre maritime qu'avec les navires armés par les particuliers; de là l'origine de cette phrase consacrée dans la proclamation du roi qui déclarait la guerre à ses ennemis : « Enjoignons à nos sujets de courir sus à nos ennemis (2). »

Cet usage des rois de France d'avoir recours à leurs sujets pour leur faire équiper des flottes, était commun à toute l'Europe : au XIIe siècle, l'histoire mentionne la réquisition de tous les pirates, c'est-à-dire de la plupart des marins danois, afin de courir sus à l'ennemi. Le privilége concédé à ces pirates leur donnait le droit de prendre tout vaisseau à leur convenance, moyennant un abandon du huitième des prises aux propriétaires (3).

Une loi de Pise, de 1298, une autre de Gênes, en 1313, mentionnent le cautionnement que les armateurs en course étaient obligés de déposer, avant de prendre la mer (4). Au commencement du XIVe siècle, apparait la société des pirates Vitalliens que les villes du Mecklembourg appelèrent à leur secours, dans la guerre qu'elles eurent à soutenir contre le Danemarck. Elles offrirent un asile et des marchés à ces écumeurs de mer; mais l'arme était dangereuse

(1) M. N. Gallois a publié une histoire générale des corsaires de la République et de l'Empire. Thibaudeau, simple conventionnel et auteur du rapport sur la marine dont nous avons parlé, n'en désavouerait pas l'esprit.

M. Ribadieu, l'un des rédacteurs de la *Guienne*, publiciste très-distingué, et qui s'est fait une place à part dans la presse, par ses connaissances approfondies sur toutes les matières commerciales et maritimes, a publié une intéressante monographie de corsaires de Bordeaux. Nous avons lu avec un vif intérêt cet ouvrage, qui est une page de l'histoire maritime de la France.

(2) « S. M. a ordonné et ordonne à tous ses sujets et serviteurs de courir sus aux...... tant *par mer* que par terre et leur est défendu et défend d'avoir ci-après avec eux aucune communication, commerce, ni intelligence, à peine de vie. »

(3) Voy. le *Consulat de la mer*.

(4) Voy. M. Pardessus, *Lois maritimes avant le XVIIIe siècle*.

et les pirates voulaient transformer l'asile en repaire ; les villes du littoral furent obligées d'armer en course, et les corsaires donnèrent la chasse aux pirates. Ce n'est pas la seule fois que les corsaires se rencontrèrent, pour les combattre, avec ceux auxquels on veut les assimiler.

« En 1617, dit la *Chronique bordelaise* (1), deux grands pyrates nommés Saint-Flour Gaillard et Blanquet, occupent la rivière vis-à-vis de Royan, avec navires de guerre, contraignant les marchands et mariniers passant à aborder et payer tribut..... dont le roy averti, mande d'armer contre eux, ce qui fut fait.

« M. le duc d'Epernon contribue de sa part quelques navires armés, M. le marquis d'Aubeterre le sien bien équipé, M. le maréchal de Roquelaure travaille de son chef, *et les jurats ne s'épargnent point* et font diligenter le dit armement, lequel fut mis sous la conduite du seigneur de Barrault,.... qui s'en alla attaquer les pirates, et se saisit de leurs navires et de leurs personnes, qu'il fit conduire à Bordeaux, où le procès leur fut fait par la cour. »

En 1242, le roi saint Louis battit la flotte d'Henri III d'Angleterre : celui-ci ordonna aux gardiens des cinq portes d'engager leurs habitants à armer en course. On se livra à des excès qui furent réprimés par ordre de saint Louis : il prescrivit aux armateurs de Normandie et de Bretagne d'user de représailles et une guerre de corsaires commença, au grand dommage du commerce britannique (2). Dès cette époque les *lettres de marque* étaient employées (3), quoiqu'elles n'aient été vraiment mises en usage permanent qu'au XIVe siècle.

François Ier et Henri II n'eurent pas d'autre marine que celle qui leur était fournie par les armateurs des ports de la France. On connaît les exploits du célèbre Ango, de Dieppe, et des autres corsaires de cette époque.

XIX

XVIe Siècle — Henri IV.

Quand Elisabeth fit la guerre à l'Espagne, au moment du grand désastre de l'*invincible armada*, «sans faire d'hostilité en son nom,

(1) V. M. Ribadieu.

(2) Mathieu Pâris, à l'année 1242.

(3) Ainsi que le prouve cette lettre d'Edouard Ier d'Angleterre, de 1295. « Bernardus nobis supplicavit ut nos sibi licentiam marcandi homines et subditos de regno Portugaliæ et bona eorum per terram et mare.......concederemus.....»

ni au nom de l'État, sans lever de troupes, sans équiper de flottes, elle fit causer un mal terrible aux Espagnols, en autorisant ses sujets à faire la course. Aussitôt on vit partir de tous les ports d'Angleterre une foule d'armateurs, au nombre desquels les plus célèbres amiraux anglais, les Drake, les Norrey, les Howard, les Grenville, les Howkins, les Raleigh, devenus simples volontaires; les uns se jettent sur l'Espagne pour lui rendre le mal qu'elle avait voulu faire à l'Angleterre; les autres vont en Portugal faire une tentative en faveur d'Antoine, prieur de Castro, à qui Philippe II avait enlevé ce royaume; les autres poursuivent les Espagnols sur les mers des deux Indes, d'autres pénétrèrent dans la mer du Sud, prirent, coulèrent ou brûlèrent plusieurs galions. Ces expéditions ne réussissaient pas toutes, mais toutes fatiguaient, ébranlaient la puissance espagnole, tandis que les pertes des Anglais ne tombaient que sur les particuliers et non sur l'État (1). »

Nous allons voir maintenant quel usage le gouvernement réparateur de Henri IV fit de la course.

En 1572, les Anglais avaient obtenu du faible et imprévoyant gouvernement de Charles IX un traité signé à Blois qui leur concédait les avantages les plus éloignés d'une juste réciprocité. Un monopole exorbitant et très-efficacement protégé leur assurait un débouché certain pour leurs marchandises et au moyen de leurs bâtiments, tandis que leurs ports étaient fermés à la plupart des produits français qui ne pouvaient pénétrer en Angleterre qu'après transbordement sur des navires anglais. C'était tuer du même coup le commerce et la marine. Tel est l'état dans lequel Henri IV trouva les relations commerciales de la France avec l'Angleterre. Il faut joindre à l'impossibilité de faire le commerce, les persécutions, les exactions, la piraterie la plus éhontée que l'Angleterre faisait subir à la marine marchande française. Les Anglais avaient tous les genres de monopoles; cependant, et parce que c'était leur intérêt, ils consentaient à permettre aux navires français de leur porter, à condition de transbordement, les marchandises dont ils avaient besoin; mais comme il était plus facile de les prendre et de les enlever en pleine mer, ou même dans les ports du littoral, que de les payer, ils lançaient leurs pirates sur des navires désarmés et les emmenaient captifs dans les ports britanniques. Ces brigandages s'étendaient au commerce maritime tout entier, auquel la paix de Vervins venait de rouvrir les ports des Pays-Bas et de l'Espagne. Henri IV, vainqueur

(1) Gaillard, histoire de la rivalité de la France et de l'Angleterre. T. 6, p. 35, 36.

de ses ennemis et maître de son royaume, pouvait parler haut et ferme, pour se plaindre des pirateries d'une nation avec laquelle il n'était pas en guerre. Son langage, dans sa correspondance à ce sujet avec la reine Élisabeth, est empreint de la sagesse et de la noble fermeté qui conviennent à un grand roi, voulant tenir bien haut le drapeau d'un grand peuple (1).

Tant qu'il eut besoin de la neutralité de l'Angleterre, il se borna à des plaintes, à des réclamations sur le brigandage des pirates anglais, qui, encouragés par leur gouvernement, ne se contentaient pas de prendre les navires marchands; mais pour s'ôter tout souci d'humanité, exposaient l'équipage sur une chaloupe à tous les hasards de la mer. Bientôt, libre de toute préoccupation politique, il put user de *représailles*, et il délivra des *lettres de marque* pour l'organisation de la course, y joignant la menace, non exécutée d'ailleurs, de faire saisir dans ses ports les navires et les propriétés anglaises, et d'interdire aux produits britanniques l'accès du littoral français. C'est ainsi qu'Henri IV organisa une guerre de représailles maritimes, la guerre de course, « la plus terrible de toutes, dit M. Poirson, même pour une nation très-supérieure à sa rivale sur mer. »

L'effet fut terrible sur le gouvernement d'Élisabeth, et la souveraine de l'Angleterre *pria Henri de surseoir à la délivrance des lettres de marque*, avec force promesses de faire cesser la piraterie et de conclure un traité avantageux pour la France où néanmoins le droit de la visite en mer fut mis en avant par les Anglais. Henri IV ne pouvait accepter. Le 6 mars 1602, il écrivait à ses ambassadeurs de Boissise et de Beaumont : « Vous savez quelle a été ma patience « et procédure sur les voleries et injustices faites à mes subjets, « espérant toujours que ladite Dame (Élisabeth) les ferait réparer « et cesser. Toutefois comme les choses sont allées s'empirant de « temps en autre ; nonobstant vos remontrances et poursuites, j'a- « vais été contraint de commencer à *pourvoir par représailles et* « *lettres de marque*. De quoi ladite *Dame estant advertie, elle m'au-* « *rait faict prier instamment* de surseoir à l'usage de ce remède.

« Elle veut qu'il soit loisible à ses subjets d'aborder et visiter les « navires des miens, portant ma bannière, soubs prétexte de trans- « port des armes. C'est contrevenir aux traitez de paix qui nous « donnent le commerce de la mer libre. Il n'y aurait plus de « commerce ni d'assurance en la navigation en temps de paix, ains

(1) T. 5 des lettres de Henri IV, p. 16, 18. — Lettres des 22 août 1598, 6 août 1599, p. 737, 12 janvier 1600, p. 200.

« faudrait se résoudre de vivre comme en temps de guerre que le « plus fort l'emporte, d'autant que tout navire abordé est perdu, « puisqu'il n'y a aucune assurance en la foy des mariniers. Telle- « ment que quand les Anglais rencontraient nos navires faibles, ils « les pilleraient et feraient couler à fondz, et déjà s'ils en usent de « cette façon contre nos traités, je vous laisse à penser ce qu'ils « feroient quand il seroit loisible de le faire... *Je ne suis pas d'avis « non plus que nous révoquions les lettres de représailles ci-devant « accordées,... mais de dire seulement que l'exécution en sera sursie « pendant un certain temps....* »

Henri IV connaissait bien les Anglais de tous les temps!!

Le gouvernement anglais fut tellement effrayé des menaces du Roi qu'il chercha à soulever toute l'Europe contre lui; la course lui faisait peur, il voulut la détourner par une diversion politique. « Ladicte Dame, écrivait Henri aux mêmes ambassadeurs, pour m'empêcher que je me revanche desdictes volleries, veut m'engager dans la guerre avec le roi d'Espagne et après m'y abandonner. » Le Roi ne donna pas dans le piége; il se borna, sans rompre avec Élisabeth, aux plus vives représailles sur mer, qui amenèrent une paix dans laquelle les deux gouvernements traitèrent, après la mort d'Élisabeth, sur le pied de l'égalité la plus parfaite.

Ainsi, par la simple menace de représailles et par quelques lettres de marque délivrées, Henri IV amena le gouvernement anglais à révoquer le désastreux traité de 1572 (juin 1603). — Mais le roi Jacques Ier ayant manqué à sa parole, Henri donna un libre cours aux lettres de marque délivrées sous Élisabeth, et les armateurs de la Bretagne et de la Provence causèrent au commerce anglais un mal considérable; et, pour que ce mal fût plus grand encore, pour que les corsaires pussent être soutenus par des forces respectables, Henri jeta les fondements d'une marine militaire qui devait, plus tard, donner un si grand éclat à nos armes. (Sully, *Économies royales*, t. II, p. 18.) Il put contraindre les Anglais à signer les 14 février et 20 mai 1606, un traité aussi avantageux et plus durable que celui qui avait été d'abord conclu avec Jacques Ier.

Tel fut l'effet des lettres de marque, telle fut la crainte inspirée aux Anglais, qu'abandonnant leurs prétentions, leurs droits anciens et la tentative du droit de visite qui avait trouvé Henri IV inflexible, ils furent forcés de convenir que, en cas de rupture entre les deux nations, il y aurait un délai pour donner aux marchands le temps nécessaire de mettre leurs personnes et leurs vaisseaux à l'abri d'une saisie; ainsi Henri eut la gloire de rendre au commerce européen ce signalé service d'un *délai, avant les hostilités*, dont la France a donné un nouvel exemple en 1853 et en 1859.

Comme nous ne voulons rien dissimuler, nous ne nous bornerons pas à citer les faits qui peuvent être favorables à la course, nous y ajouterons ceux qui pourraient servir de base à l'argumentation contraire et fortifier le système d'inconvénients signalés par Franklin.

Sous Richelieu, quelques désordres maritimes éclatèrent. Aussi l'assemblée des notables de 1617 demandait-elle au gouvernement du Roi (1) d'entretenir dans les principaux ports du royaume des vaisseaux et gardes-côtes, en suffisante quantité. Il était nécessaire de protéger le commerce et la navigation, non-seulement contre les déprédations des pirates barbaresques, que le duc de Guise, gouverneur de Provence, s'apprêtait à châtier, mais encore contre les courses des corsaires français qui couraient contre les étrangers et contre leurs compatriotes. Le désordre avait été porté à son comble par les corsaires rochellois. Ils s'étaient embusqués à l'embouchure de la Gironde, à Royan, et, là, ils avaient organisé une sorte de péage, un droit de rançon que devaient payer tous les navires allant à Bordeaux ou en revenant. Le vice-amiral de Guienne fut obligé d'aller, avec des vaisseaux de guerre, chasser ces hardis corsaires devenus pirates; il les battit et fit exécuter à Bordeaux les principaux chefs.

C'est à l'aide de ces bâtiments corsaires et des chefs qui les commandaient, que La Rochelle put organiser cette énergique résistance contre laquelle Richelieu déploya tout son génie et qui eut de si graves conséquences pour le triomphe de sa politique. Heureusement, pour les armes royales, remarquent les mémoires du temps, que les *bâtiments corsaires* les Rochellois étaient beaucoup moins forts que les vaisseaux du Roi. Le duc de Guise, qui avait déjà châtié leurs frères d'armes à Royan, les défit entre l'île de Ré et La Rochelle en 1622.

En 1625, après la révolte des Rohan, Soubise vint les commander; de nombreux combats furent livrés et l'amiral de France, Montmorency, fut obligé de se mettre à la tête d'une flotte pour les défaire en bataille rangée. La paix leur fut offerte, mais avec des conditions qui montrent bien les précautions qu'il y avait à prendre contre les corsaires : « Les Rochellois ne pourraient tenir en leur port de vaisseaux armés en guerre, et prendraient congé de l'amiral pour leurs vaisseaux de commerce, ainsi qu'il s'observe ès-autres villes du royaume (1). »

(1) *Mercure français* en 1617. T. 5, p. 43. — Siége de La Rochelle, 1627. — M. Henrin Martin les appelle une race de corsaires intrépides et farouches. —

XX

XVIIe Siècle. — Louis XIV.

Sous le gouvernement de Mazarin, la course tendit à se régulariser davantage, quoique le cardinal, dont l'âpreté à la curée des richesses est bien connue, soit accusé par quelques-uns de ses contemporains d'avoir été intéressé dans les prises. En quelques années, plus de trois cents navires hollandais furent capturés, et le grand Ruyter fut obligé de prendre la mer pour châtier les corsaires français.

Au moment de conclure la paix de Westphalie, l'Espagne hésitait encore, et une des circonstances qui la déterminèrent fut certainement l'impossibilité où elle était placée de continuer son commerce maritime : les corsaires n'y eurent qu'une part indirecte, puisque l'amiral de Brézé défit, à la tête de l'escadre royale, la flotte espagnole et intercepta tout le commerce de l'Espagne et de l'Italie ; mais ce fait montre bien l'importance qu'une nation attache à son commerce, et quel péril elle court quand elle en est privée, même momentanément.

Les rapports de la France avec l'Angleterre étaient toujours très-tendus : Cromwell inaugura son gouvernement par des mesures hostiles ; et, de part et d'autre, on délivra des lettres de marque. Les

Voyez les cahiers des états généraux de 1614. — Le Tiers et le Clergé demandent la répression des pirates étrangers et des pirates français. Beaucoup de capitaines armaient, sous prétexte d'aller trafiquer au delà de la ligne, et restaient dans les mers d'Europe, à piller les alliés et même les Français ; le Tiers veut qu'on ne permette plus d'armer en mer qu'à des personnes solvables et de bonne renommée, en donnant caution.

— Henri IV avait su se servir plus habilement et plus heureusement des corsaires que les guerres de religion avaient répandus sur mer ; il les enrôla et en fit des soldats de son armée ; c'est ainsi qu'il employa les corsaires bordelais sous les ordres du maréchal de Matignon, gouverneur de Guienne, à reprendre Blaye.

Vers le milieu du XVIe siècle, un navigateur bordelais tenta de rendre à la France, avec ses seules ressources, un signalé service, dont le gouvernement ne sut malheureusement pas profiter. Dominique de Gourgues, dont les aventures ont été rapportées par M. Ribadieu, dans l'intéressant ouvrage dont nous avons parlé, chassa les Espagnols de la Floride, et voulut reconquérir cette riche contrée à la France. La Floride avait été occupée par Ribaud et René de Laudonnière vers 1562. En 1566, les Espagnols chassèrent les Français. De Gourgues équipa à ses frais trois navires. Ses aventures précédentes qui avaient été aussi romanesques que glorieuses, firent accourir auprès de lui nombre de gentilshommes. Après bien des péripéties, il débarqua à la Floride, séduisit les sauvages, massacra les Espagnols, et revint en 1658. Comme nous l'avons dit, le gouvernement ne fit rien pour tirer quelques conséquences de cette expédition.

Anglais souffrirent considérablement dans leur commerce (1), du moins ils crièrent très-fort, car le parlement de Paris leur fit écho, et dans quelques-uns de ses arrêts traita Mazarin de pirate.

Ainsi, comme sous Henri IV, les lettres de marque effrayaient les Anglais : Dunkerque surtout était pour eux une menace permanente. Ce port, d'où s'élançaient les plus intrépides corsaires, ne leur laissait aucun repos. Il fallait qu'à tout prix Dunkerque devînt une ville anglaise ou cessât d'être un arsenal français pour la course. Dunkerque avait été repris par le prince de Condé, aux applaudissements de la France entière. En 1652, Cromwell proposa au gouvernement français de lui acheter cette ville si importante à tant de titres; Cromwell était prêt aux plus grands sacrifices, rien ne devait lui coûter, ni l'argent, ni le soutien de ses armées qu'il offrait contre l'Espagne. Le gouvernement français refusa les honteuses propositions du Protecteur, qui, fidèle à sa politique et à ses instincts révolutionnaires, et pour faire évanouir les craintes du peuple anglais, fit attaquer la flotte du duc de Vendôme, dans le Pas-de-Calais, par des forces supérieures et sans déclaration préalable. Cette violation du droit des gens ne lui donna pas Dunkerque, et il en fut réduit à permettre à l'Espagne de prendre cette ville, par l'enrôlement, sous les drapeaux espagnols, des Irlandais catholiques qu'il chassait de leur pays. L'Espagne, avec ces recrues d'un nouveau genre que lui fournissait le Protecteur, délivra, pour un temps, l'Angleterre de la menace des corsaires dunkerquois. Mais Jean-Bart allait venir (2). « Après la rupture de la paix de Nimègue, dit M. Guérin dans son *Histoire de la Marine*, les alliés furent obligés de faire garder Dunkerque par une flotte de trente vaisseaux avec des frais immenses, et encore cela n'empêcha-t-il pas les armateurs légers de sortir, à la vue même de l'ennemi, et de lui faire pour 17,533,000 francs de rançons et de prises claires et nettes. »

Nous ne dissimulerons pas plus les inconvénients des corsaires, sous la Fronde, que nous ne les avons dissimulés, après l'effervescence des guerres de religion : les corsaires de Bordeaux, par exemple, servirent les projets de la révolte des princes, sous Mazarin,

(1) H. Martin, *Mazarin*, p. 433.

(2) En 1716, pour obtenir l'anéantissement de Dunkerque, l'Angleterre consentit à traiter avec Dubois, qui accumula toutes les hontes dans ce traité qu'on voudrait pouvoir rayer de l'histoire. La France chassait le prétendant, admettait des commissaires pour faire raser Dunkerque; le roi d'Angleterre prenait le titre de roi de France, et Louis XV, qu'il fallait bien dénommer, s'appelait le roi très-chrétien.

comme ceux de La Rochelle avaient servi, sous Richelieu, la cause des chefs protestants. Pendant la Fronde, le duc d'Epernon vécut toujours en mauvaise intelligence avec le parlement de Bordeaux et la bourgeoisie de cette importante cité. Bordeaux se révolta, brava les troupes que le duc d'Epernon assemblait à Cadillac, prit le château Trompette et le détruisit (1649). Mais ce qui enflait surtout l'orgueil des Bordelais et permettait aux chefs de la révolte de trancher du souverain, ce qui semblait les mettre à l'abri des attaques du dehors, c'est la flotte marchande qu'on avait équipée en guerre et qui mettait la Gironde et son embouchure sous la main des Bordelais. Il fallut que le comte Du Doignon, gouverneur du Brouage, entrât dans le fleuve, battit la flotte de Bordeaux et anéantit cette force navale. La ville, privée de sa flotte, capitula (1).

En 1652, quand les troubles de Bordeaux recommencèrent, quand la démocratique *Ormée* eut envahi toute la cité, démoli le château du Hâ, cassé les arrêts du parlement, exilé ses membres et fait flotter le drapeau rouge sur tous les monuments publics, la flotte des corsaires fut encore la sauvegarde de la révolution bordelaise. Cette flotte tenait la Gironde et mettait Bordeaux à l'abri d'un coup de main tenté par un nouveau Du Doignon. Mazarin ayant mis ordre à ses affaires et fait réparer la flotte de Vendôme, le grand-amiral aux côtés duquel combattait Duquesne avec d'autres bâtiments corsaires armés à ses frais, et qui n'avaient pas voulu baisser pavillon devant l'insolente injonction des Anglais, Vendôme, disons-nous, battit la petite flotte de Bordeaux. Ainsi tomba le drapeau de l'Ormée, qui avait flotté pour la dernière fois sur les navires corsaires.

Avec Louis XIV, la guerre de course va arriver à son apogée : elle est régularisée par la grande ordonnance de 1681, elle est toujours employée dans toutes les guerres et avec un succès complet. En 1662, l'Angleterre voulait contraindre toutes les marines de l'Europe à abaisser leur pavillon devant le sien, non-seulement dans la mer qu'elle appelait superbement la mer Britannique, mais encore dans toutes les mers. Louis XIV dut sentir bouillonner dans ses veines tout le sang de Henri IV réprouvant avec fierté le droit de visite. Il menaça l'Angleterre de ses corsaires, et il écrivit à son ambassadeur à Londres : « Le roi, mon frère, ni ceux dont il prend conseil ne me connaissent pas encore bien, quand ils prennent avec moi des voies de hauteur et d'une certaine fermeté qui sent la

(1) Voy. *Histoire du mouvement de Bordeaux*, t. 1, liv. 3.

menace. Je ne connais pas puissance sous le ciel qui soit capable de me faire avancer un pas par un chemin de cette sorte, et il me peut bien arriver du mal, mais non pas une impression de crainte..... *Je prétends mettre bientôt mes forces de mer en tel état*, que les Anglais tiendront à grâce que je veuille bien alors entendre à des tempéraments touchant un droit qui m'est dû plus légitimement qu'à eux. Le roi d'Angleterre et son chancelier peuvent bien voir à peu près quelles sont mes forces, mais ils ne voient pas mon cœur..... Je saurai bien soutenir mon droit, quoi qu'il puisse arriver. »

Cette lettre et la menace des corsaires abattirent du même coup la morgue des Anglais et leur pavillon.

Bien des causes amenèrent sans doute la fin de la guerre de Hollande de 1673 et la paix de Nimègue. Mais tous les historiens (1) ont remarqué qu'à la fin de cette guerre, qui, du reste, avait été funeste aux Hollandais sur terre et sur mer, la Hollande et le prince d'Orange étaient à bout de ressources. Les Hollandais accusaient leur chef d'immoler le commerce à son orgueil et d'exposer, par la prolongation de la guerre, ce qui en restait aux coups des corsaires français, parmi lesquels Jean Bart commençait à jouer un rôle devenu plus tard historique. Ce que les corsaires Malouins et Dunkerquois firent essuyer de désastres au commerce hollandais est incalculable : il faut avouer, du reste, que les corsaires de la Zélande usaient de justes représailles; mais les Français ne laissaient pas respirer le commerce hollandais, qui était anéanti pour les nationaux et passé tout entier dans les mains des Anglais, toujours prêts à recueillir une succession dont ils ne dédaignent pas de précipiter l'événement. Aussi les négociateurs français n'eurent-ils pas de peine à pousser les villes maritimes de la Hollande dans les idées de paix, et à forcer ainsi la main au stathouder, qui signa la paix de Nimègue comme malgré lui et sous la pression des villes de commerce, puisqu'il livra et perdit contre Luxembourg la bataille de Saint-Denis, *en ayant la paix dans sa poche*, suivant l'expression que l'opinion publique lui jeta à la face, sans qu'il pût trop bien se disculper d'avoir inutilement versé le sang des deux armées.

Pendant la guerre de la ligue d'Augsbourg, Jean Bart et Duguay-Trouin firent essuyer les plus grands désastres commerciaux à la marine marchande anglaise. Ils continuèrent avantageusement le système mixte inauguré par l'amiral d'Estrées : un vaisseau du roi faisait la course avec des corsaires armés aux frais des armateurs

(1) Voy. M. Henri Martin.

Malouins ou Dunkerquois. Dans l'esprit public de l'Angleterre, les conséquences de la Hogue étaient effacées. A quoi bon gagner des batailles navales, disait-on, à quoi bon se ruiner en armements immenses, si l'on ne peut empêcher les Français d'écumer la mer, comme s'ils eussent été vainqueurs à la Hogue (1)?

Nous avons vu tout à l'heure l'influence présumée des prises maritimes sur la paix de Nimègue : cette influence ne fut pas moins grande sur les négociations de Ryswick. Précisément avec une flotte combinée des deux éléments de la marine de guerre et des armements particuliers, Pointis ruina les établissements espagnols dans l'Amérique du sud : les armateurs seuls eurent 10,000,000 pour leur part. Cette perte, jointe aux succès de Vendôme en Catalogne, entraîna les Espagnols à la paix.

Tourville et d'Estrées ne dédaignèrent jamais, à la tête des forces militaires qu'ils commandaient, de courir sus à la marine marchande des ennemis et de ruiner leur commerce. Une flotte, composée de bâtiments marchands anglais, hollandais et flamands, était destinée pour le Levant. Il s'agissait de l'arrêter au passage et de la capturer. Le plan avait été conçu par Petit-Renan, le Vauban de la marine. Petit-Renan, élève de Colbert, savait bien que pour frapper les Anglais et les Hollandais au cœur, il fallait les attaquer dans leur commerce. Son plan était parfaitement combiné : Tourville partit de Brest et rallia d'Estrées sur les côtes des Algarves; deux vaisseaux s'embusquèrent derrière le cap Saint-Vincent, pour barrer à l'amiral Rooke, l'un des vainqueurs de la Hogue, qui convoyait avec six vaisseaux la flotte marchande, le détroit de Gibraltar. Rooke vint donner tête baissée contre les Français. La perte des alliés fut énorme. Jean Bart, qui combattait à côté de Tourville, prit ou brûla six vaisseaux à lui seul : on compta cent navires pris et plus de 30 millions perdus. « Rien ne pourrait exprimer la colère des Anglais, dit M. H. Martin (t. 14, p. 183), frappés à la fois dans leurs deux passions les plus âpres, l'intérêt et l'orgueil : la chambre des communes voulait mettre en accusation tous les amiraux. » L'amirauté, pour donner satisfaction à l'opinion publique, n'eut d'autre ressource que d'organiser contre Dunkerque et Saint-Malo, ces deux formidables nids de corsaires, la fameuse machine infernale qui ne réussit qu'à briser les vitres de Saint-Malo. Elles étaient largement payées d'avance (2).

(1) Voy. Mac-Aulay ; Quinci, t. 2, p. 590, 603.

(2) Les corsaires malouins avaient enlevé 2,500 voiles aux ennemis, et l'héroïque Cassart, dont Duguay-Trouin disait : Je donnerais toutes les actions de

Jean Bart ne fut que plus intrépide : le 29 juillet 1694, il rencontra une flotte danoise et suédoise ; il combattit contre 8 vaisseaux hollandais qui la convoyaient, et ramena en France cent vaisseaux chargés de grains. Petit-Renan enleva un vaisseau qui portait 500,000 liv. sterl. de diamants. Dunkerque et Saint-Malo, dit M. H. Martin, p. 212, bravaient l'impuissante colère des alliés et regorgaient de leurs dépouilles. Les riches vaisseaux de la Compagnie des Indes orientales étaient enlevés avec beaucoup de navires des Antilles... En peu de temps la perte fut d'un million sterling. En 1696, Jean Bart empêcha complétement la pêche aux harengs sur les côtes de la Baltique (1). Dunkerque était toujours pour l'Angleterre un objet de crainte et de haine : lors de la vente qui en fut faite au gouvernement français, les marchands de la cité de Londres signèrent une pétition pour s'opposer à cette vente : ils appelaient Dunkerque un repaire de corsaires (2).

XXI

XVIIIe Siècle — Louis XV, Louis XVI.

Dans la guerre de la succession d'Espagne, c'est Forbin qui remplace Jean Bart. Non-seulement il arrête tous les convois qui portent des secours à Charles III, le prétendant opposé au duc d'Anjou ; mais encore il fait un mal énorme aux commerces anglais et hollandais, qu'il va poursuivre jusque dans la mer Glaciale.

Duguay-Trouin court encore la mer : on a calculé que, dans sa carrière maritime, il avait pris plus de 300 vaisseaux marchands, sans préjudice d'une vingtaine de vaisseaux de ligne.

Dans la guerre de 1740, les corsaires et les armements particuliers suppléèrent largement à l'insuffisance de la marine de l'Etat, que les dernières années du règne de Louis XIV avaient laissée s'affaiblir, et que le ministère du cardinal de Fleury avait

ma vie, pour une des siennes! avait fait des prises considérables qui lui avaient permis d'avancer de l'argent à Louis XIV. En 1736, il réclama son remboursement : on le mit au fort de Ham.

(1) A côté de Jean Bart, il est impossible d'oublier le capitaine Montauban, dont le souvenir est si populaire dans le Midi. Il fit toute sa vie une guerre acharnée aux Anglais sur toutes les mers du globe. Voy. dans M. Ribadieu l'histoire curieuse de sa reconnaissance par un chef de sauvages.

(2) Voy. les lettres du comte d'Estrades, ambassadeur. Dunkerque avait lancé, depuis 1702 jusqu'à la paix, 791 corsaires contre la marine anglo-batave. On comprend l'insistance des alliés à Utrecht, pour l'anéantissement du port de Dunkerque.

perdue. La marine, qui coûtait sous Louis XIV 22 à 25 millions par an, n'en coûtait plus que 8 sous la régence. Mais les corsaires étaient là : Bayonne et les pays basques en fournirent un grand nombre qui capturaient les Anglais, sous pavillon espagnol, parce qu'il offrait moins de défiance ; le parlement anglais accusa le ministère Walpole d'impuissance, et Walpole n'eut d'autre moyen de faire taire l'opposition que de demander à Fleury 3 millions pour l'acheter.

Ce n'est pas seulement la métropole qui armait les corsaires : la Martinique en arma 40. Les Anglais perdirent 950 navires et 30 millions. Les pertes du commerce français étaient plus que compensées (1).

En 1760, quand le maréchal de Conflans eut perdu les derniers débris de la flotte française sur les écueils de Belle-Isle, ce fut un corsaire très-redouté des Anglais, Thurot, qui partit de Dunkerque pour faire une descente en Irlande (2). En Amérique, les corsaires soutinrent seuls l'honneur du pavillon français. Nous ne voulons pas faire ici l'histoire de la décadence de la marine française au XVIIIe siècle ; elle se releva d'une façon splendide sous Louis XVI : mais jusqu'à ce règne, qui commençait sous de si brillants auspices, les corsaires furent presque à eux seuls la marine française. De juin 1756 à juin 1760, ils enlevèrent 2,500 navires aux Anglais. En 1761, la France n'avait pas un vaisseau de guerre à la mer ; les Anglais avaient pris 240 corsaires, les autres enlevèrent 812 bâtiments aux Anglais (3).

Dans la guerre d'Amérique, le gouvernement de Louis XVI ne dédaigna pas l'arme terrible des armements en course, au moment où, sous un autre rapport, il allait avoir la gloire de proclamer la liberté des mers. Cependant je lis ceci dans l'article de M. X. Raymond (*Journal des Débats* du 22 octobre 1856), dont j'ai déjà parlé : « Dans la guerre que nous avons faite heureusement sous Louis XVI, on ne voit pas que les corsaires aient joué aucun rôle... Le secrétaire d'État américain (M. Marcy) peut bien ne pas connaître ces résultats (le glorieux traité de 1783, obtenu sans que les corsaires aient paru sur mer) ; ils n'en sont pas moins aujourd'hui pour nous des articles de foi. » — La foi de M. X. Raymond est assise

(1) La Martinique était pour les colonies ce que Dunkerque était pour la métropole. Voy. Guérin et Sainte-Croix.

(2) Duclos, *Mémoires*, p. 758. — *Mercure Français*, t. CXLVII, p. 298, 384.

(3) Sainte-Croix, t. 2, p. 314. — Continuation de Hume, t. 23 ; — *Mercure historique*, t. CIII, p. 840.

sur une base bien fragile, car elle n'a d'autre soutien que son assertion un peu hasardée et trop légèrement lancée pour les besoins de son argumentation et de son article. Si M. X. Raymond veut aller chercher des preuves historiques contre la course, dans la guerre d'Amérique, il peut se retirer du débat : les preuves sont nombreuses contre son assertion. Notre honorable collègue, M. Moreau, l'a déjà renvoyé aux souvenirs des plus humbles pêcheurs de toutes nos côtes. J'ignore dans quel état l'opinion de M. X. Raymond est revenue de cette enquête; il me permettra de le renvoyer plus haut, à Louis XVI lui-même et à la belle inspiration de ce monarque infortuné, qui, dans sa haute sollicitude pour les intérêts les plus humbles, provoqua ou voulut provoquer une mesure de protection pour ces mêmes pêcheurs appelés si justement à rectifier l'opinion de M. X. Raymond. Louis XVI aurait désiré qu'au milieu de la guerre, les pêcheurs fussent à l'abri des prises maritimes et que les corsaires les respectassent. Il imitait, en cela, l'exemple de Louis XIV, exemple que l'Angleterre n'a pas suivi dans la dernière guerre d'Orient.

Le Roi écrivit en ces termes à l'amiral de France, le 5 juin 1779 :

« Le désir que j'ai toujours eu d'adoucir les calamités de la « guerre m'a fait jeter les yeux sur cette classe de mes sujets qui « se consacre au commerce de la pêche, et qui n'a pour subsistance « que les ressources que ce commerce lui présente : j'ai pensé que « l'exemple que je donnerais à mes ennemis, et qui ne peut avoir « d'autres principes que les sentiments d'humanité qui m'animent, « les détermineraient à accorder à la pêche les mêmes facilités « auxquelles je consentirais à me prêter. En conséquence j'ai donné « ordre à tous les commandants de nos bâtiments, *aux armateurs « et capitaines de corsaires* de ne pas inquiéter, jusqu'à nouvel or- « dre, les pêcheurs anglais, pourvu qu'ils ne soient armés d'aucune « arme offensive et qu'ils ne soient pas convaincus d'avoir donné « quelques signaux qui annonceraient une intelligence suspecte « avec les bâtiments de guerre ennemis (1). »

Y a-t-il eu des corsaires dans la guerre d'Amérique? C'est Louis XVI qui répond lui-même à M. X. Raymond (2).

La sollicitude du Roi ne se borna pas à cette tentative de protection. Son humanité était ici subordonnée à l'humanité de ses ennemis; mais, en un point, il pouvait être libre, et user de son autorité,

(1) Voy. p. 79.

(2) Voy. le rapport de M. Perrée sous le consulat, p. 49, 50.
Voy. Raynal, *Histoire philosophique*.

sans craindre d'être entraîné à de justes représailles. Il pouvait arriver qu'un hardi voyageur fût en cours d'exploration, quand la guerre éclaterait; il pouvait arriver que ce voyageur eût à redouter les courses quelquefois aveugles, nous le savons, des corsaires français, et qu'il fût nécessaire de neutraliser, de rendre *sacré*, comme le navire d'Athènes qui portait aux dieux les offrandes, les bâtiments ennemis qui portaient Cook et sa fortune scientifique. L'occasion se présenta pour faire éclater les sentiments d'humanité du Roi et sa noble passion pour cette science si utile à laquelle le capitaine anglais pouvait rendre de grands services. Cook était en cours de voyage; Louis XVI défendit à ses amiraux et à ses armateurs de le traiter en ennemi si, de fortune, on le rencontrait en mer. Voici la lettre que M. de Sartines, ministre de la marine, écrivit aux amirautés et aux chambres du commerce du royaume, pour être communiquée à tous les armateurs et capitaines de navires qui armeraient en course ou autrement : « Le capitaine Cook, qui est parti de Plymouth au mois de juillet 1776, sur le vaisseau la *Résolution*, avec le projet d'aller reconnaître les côtes, les isles et les mers situées au nord du Japon et de la Californie, ne doit pas tarder de revenir en Europe. Il a sous ses ordres un autre navire nommé la *Découverte*, commandé par le capitaine Ch. Clercke, qui, comme celui qu'il monte, est d'environ 500 tonneaux et 100 hommes d'équipage. Comme les découvertes qu'une pareille expédition fait espérer intéressent généralement toutes les nations, l'intention du Roi est que le capitaine Cook soit traité de même que s'il commandait des bâtiments de puissances neutres et amies, et qu'il soit recommandé à tous les capitaines des navires *armés en course* ou autrement qui pourront le rencontrer à la mer (1). »

Ces deux faits suffiraient à eux seuls pour prouver qu'il y eut des corsaires pendant la guerre d'Amérique, et que Louis XVI s'en servit. Nous pourrions, au besoin, citer les noms des bâtiments corsaires et des capitaines qui quittèrent à cette époque les différents

(1) Voy. Linguet, *Annales politiques*, t. 5, p. 504 et suiv. « .....Le ministère de France, de lui même, sans en être sollicité, a donné ordre que son vaisseau fût respecté et qu'on lui laissât librement franchir cet espace de mers devenu si orageux depuis son départ. »

Linguet saisit cette occasion pour demander l'abolition des prises maritimes: « Que les gens armés se battent, soit,...mais pourquoi sur mer le commerce paisible et sans défense partage-t-il les désastres de la guerre? cette iniquité n'a pas lieu sur terre: d'où vient cette différence entre les flottes et les armées, entre les *corsaires* et les *housards* ? »

Voy. aussi Linguet, t. 6, p. 117.

ports de la France. Pour le port de Bordeaux, nous laisserons la parole à M. Ribadieu : « De 1778 à 1783, dit-il (page 91), — c'est bien l'époque précisée par M. X. Raymond, — Bordeaux ne cessa d'équiper des bâtiments. Les Américains venaient d'ouvrir leurs ports au pavillon français ; nos armateurs s'y portèrent en grand nombre. Mais les corsaires anglais croisaient continuellement dans ces parages, — plusieurs navires bordelais tombèrent entre les mains de l'ennemi. — On *arma* donc à Bordeaux *en guerre* et en marchandises ; les bâtiments, *munis d'artillerie*, organisés en flotille, et convoyés, d'ailleurs, par les vaisseaux du Roi, purent circuler à peu près en sûreté dans les mers. Parmi les bâtiments qui pendant la guerre accomplirent une heureuse traversée ou qui sortirent victorieux des engagements dont l'Océan fut alors le théâtre, nous croyons devoir en citer quelques-uns qui existaient encore en 1784 ; leur nom peut, jusqu'à un certain point, déterminer, sinon la nature et la destination du navire, du moins les préoccupations belliqueuses des hommes qui les armèrent (1). »

On nous pardonnera d'être entré dans ces minutieux détails. Si M. X. Raymond avait daigné faire une partie des études spéciales auxquelles nous avons dû nous livrer, il se serait épargné une grande erreur historique. Il lui aurait suffi, du reste, d'ouvrir le recueil des arrêts de Lapeyrère ou le traité des assurances d'Émerigon pour constater judiciairement l'existence des corsaires pendant la guerre d'Amérique si heureusement terminée par le traité de 1783.

XXII

Révolution. — Empire.

L'histoire des corsaires sous la Révolution et sous l'Empire se résume dans les chiffres que nous avons dû citer plus haut. On comprend, du reste, qu'à cette époque les destinées de la guerre générale n'aient pu être sensiblement affectées par la guerre de course. Les destinées de la guerre étaient autour d'un seul homme : il emportait tout dans le tourbillon qui ne tarda pas à l'emporter lui-même ; mais il faut constater, qu'autant qu'il le put, il favorisa les armements en course (2).

(1) Le *Courageux*, à M. Delbos ; l'*Embuscade*, à M. Lavaud, le *Tirailleur*, le *Vengeur*, le *Rusé*, à M. Sers, etc., etc.

(2) M. Ribadieu nous apprend que de 1793 à 1814, 978 navires furent armés

XXIII

Pratique de la Course.

Une seule objection qu'il faut encore dissiper peut résister chez les adversaires de la course. Nous avons eu occasion de le dire bien souvent, il ne faut pas confondre la course avec la piraterie.

Comment donc se faisait la course, comment doit-elle se faire? C'est en étudiant toutes les ordonnances, tous les arrêts, tous les arrêtés, toutes les lois, particulièrement la grande ordonnance de 1681, chef-d'œuvre de Colbert, qu'on voit quelles minutieuses précautions sont prises, pour sauvegarder tous les droits, pour empêcher la course de dégénérer en piraterie.

Jetons un coup d'œil sur ces lois, étudions ces précautions et nous aurons une idée de ce qu'a été et de ce que doit être la course chez les nations civilisées qui ont le malheur d'être en guerre.

La course, au moyen des navires appartenant à des particuliers, et dirigée contre les navires ennemis ou commandés « par des pirates, forbans et gens courant la mer, sans commission (1), » ne fut jamais faite, en France, qu'avec l'autorisation du souverain; sous l'ancienne monarchie avec une commission de l'amiral de France, sous l'empire de la loi de 1803 (art. 15), avec une permission du ministre de la marine (2). Le souverain ayant seul le droit de faire la guerre, une délégation formelle devenait nécessaire pour investir momentanément un particulier d'une partie du droit de la souveraineté. « Comme ce droit est de puissance absolue, aussi il ne se communique ni délègue aux gouverneurs des provinces, villes et citez » (*Guidon de la mer*, ch. X. Pardessus, p. 411, t. 2). C'est pour cela que les deux tiers au moins, et plus tard les deux cinquièmes (art. 10, 1803) des matelots devaient être Français (3); que les armateurs, domiciliés ou non domiciliés en France, ne pouvaient tenir commission des gou-

en course à Bordeaux; de 1793 à 1797, les Anglais enlevèrent à la France 375 navires; dans la même période, les Français en prirent à l'Angleterre 2266, et le produit en fut évalué à 750 millions.

(1) Lettres de Louis XIV au comte de Toulouse, amiral de France; 26 octobre 1707; 27 juin 1708; — Ordon. du 19 novembre 1710.

(2) Ordon. de 1400, 1517, 1543, 1584, 1650, art. 3, — 1681, art. 1.

(3) Art. 8 du règlement de Strasbourg. — Lettre de Louis XIV au comte de Toulouse, du 1er mars 1710. — Loi de 1803, art. 9, 10.

vernements étrangers amis ou alliés (1), si ce n'est avec permission du roi, sous peine d'être traités comme pirates. Le même sort était réservé à tous ceux qui ne prenaient pas commission du gouvernement (2). L'amiral confisquait la totalité de la capture, qui n'était de bonne prise qu'à l'égard de l'ennemi (3). « Il était nécessaire, dit Valin, que la guerre se fît, suivant les lois de la guerre, sans excès à l'égard de l'ennemi, comme aussi sans injure par rapport aux amis, alliés ou neutres. » Les armateurs, après avoir déposé le rôle d'équipage (ord. du 14 février 1675) au greffe de l'amirauté et s'être soumis à l'obligation de faire retourner leurs vaisseaux au port d'armement (4), devaient donner caution entre les mains de l'autorité. La caution en argent avait paru nécessaire au législateur de 1681 ; ceux de 1400, 1517, 1584 se contentaient de faire jurer l'armateur, le capitaine et les quatre principaux de l'équipage « *de gouverner le navire bien et à droit, sans porter dommage à nos sujets, amis, alliés ou bienveillants* (ord. du 23 février 1674), sans préjudice de tous dommages-intérêts supérieurs au montant du cautionnement auxquels le navire demeure assujetti par privilége (5).

Ainsi la course ne peut se faire sans délégation, sans caution ; elle ne peut se faire sous pavillon étranger. Il est juste de remarquer,

(1) Ord. de 1650. — Art. 4. Valin p. 217, 218, 219.

(2) On était si rigoureux à cet égard, que, si un navire avec un simple *congé de commerce*, mais sans commission pour la course, était obligé, chemin faisant, de capturer un navire, dans l'unique but de se défendre, la prise appartenait à l'amiral. On partait de ce principe, mis en avant par Grotius, que tout le profit des prises appartenait au souverain et qu'il fallait un abandon de sa part, qu'attestait la commission, pour justifier le partage avec l'amirauté. Je trouve à cet égard, dans Valin, un trait fort remarquable. « Dans la guerre de 1689, Joseph Patot, commandant la tartane le *Saint-Genesey*, de Marseille, étant allé à Madère, le gouverneur de cette île le frêta, pour porter du blé à l'île de St-Michel. Dans sa route, le 5 septembre 1693, un vaisseau anglais lui donna la chasse et le joignit ; mais Patot, quoiqu'il n'eût que six hommes et deux mousses, sauta à bord de l'anglais, et l'enleva après un rude combat. Patot continuant sa route avec sa prise, fut encore obligé de combattre des Anglais, des Hollandais et des Flamands, et enfin il leur échappa, quoique tous les gens de son équipage fussent blessés. Ce brave capitaine demanda au conseil du Roi la confiscation de la prise à son profit : il était non recevable, parce qu'il n'avait pas pris de commission de guerre. Mais M. l'amiral n'hésita pas à lever l'obstacle, en consentant que ce capitaine profitât de la prise, en considération de son courage, toutefois sans tirer à conséquence. » Arrêt du 8 juin 1694. « Ce n'est pas le seul exemple, ajoute Valin, d'une bravoure extraordinaire que les Français aient donné : *il ne faudrait donc pas toujours craindre la supériorité des forces de l'ennemi* » — Valin, sur l'art. 1.

(3) Décret du 3 janvier 1793. — 1803, art. 16, 17.

(4) Ord. de 1584, art. 47.

(5) Ordonnance du 23 juillet 1704, art. 13 ; 21 octobre 1744, art. 17 ; 1681, art. 2 ; 1803, 18, 33 et suiv.

pour l'honneur de la France, qu'elle a été la première des nations de l'Europe à mettre en pratique cet usage important de ne pas courir la mer avec des couleurs étrangères, de porter haut son pavillon, en un mot de ne pas déguiser sa nationalité pour tromper la surveillance de l'ennemi et se soustraire à sa poursuite à l'aide d'une fraude. En mer, c'est le pavillon qui fait la nationalité, et le gouvernement de la France voulut que ce signe de la nationalité fût toujours apparent; il voulut qu'un navire qui avait l'honneur de pouvoir faire flotter à son mât les couleurs de la France ne pût changer ces couleurs. Louis XIV érigea en loi ce point d'honneur national et militaire, si bien compris du reste par les marins et par toute la nation; il voulut, par son ordonnance du 23 février 1674, qu'en cas de prise d'un vaisseau allié ou neutre, les armateurs français qui se trouveraient nantis de plusieurs pavillons n'aient pas fait une bonne prise et fussent poursuivis comme forbans et pirates. Le simple soupçon, la simple possibilité de la fraude faisaient le crime! Qui pourra s'en plaindre, quand il s'agit de l'honneur du drapeau?

Les autres nations maritimes de l'Europe n'acceptèrent pas les principes chevaleresques de la France et de Louis XIV. Leurs croiseurs et leurs corsaires continuèrent à user des ruses que la guerre semble autoriser, de ce dol et de cette fausseté, comme dit Valin, qui semblent cependant n'être rien à côté de l'injure faite au prince dont on méprise le pavillon, pour combattre sous un autre. Il est inutile de dire, et on l'a déjà deviné, que les Anglais furent les premiers à violer cette loi de l'honneur du pavillon, et que c'est à leur imitation qu'on introduisit l'usage de déroger à cette prescription de l'ordonnance (1). Malgré Louis XIV, la France fut bien obligée de suivre sa rivale dans cette voie, et ses corsaires purent avoir plusieurs pavillons pour s'en servir au besoin. Mais il leur fut toujours défendu de tirer le coup de *semonce* ou *d'assurance* sous

(1) C'est Valin qui nous l'apprend: « Je ne vois, dit-il p. 271, sur l'art. 12, qu'un trait de lâcheté et de perfidie, que l'exemple des ennemis ne saurait autoriser. » Voy. la conduite des Anglais dans le port de Barcelone.

M. le comte de Sèze disait à ce sujet à la Chambre des Pairs, lors de la discussion de la loi sur la piraterie: « Quand Louis XIV voulut défendre aux commandants de ses vaisseaux et à ceux de ses sujets armés en course de tirer le coup appelé de semonce ou d'assurance, sous un autre pavillon que le pavillon français, il déclara formellement dans son ordonnance du 17 mars 1696 que c'était précisément pour empêcher que les vaisseaux des princes neutres ne fussent induits en erreur par cette manœuvre, et exposés à s'engager dans des combats qui, sans elle, n'auraient pas eu lieu. Louis XIV avait donc à cœur de protéger les bâtiments neutres. Cette protection appartenait à la dignité et à l'élévation de son caractère. »

pavillon étranger. Le coup de canon rendait en quelque sorte le navire à la nationalité française (1), et tout capitaine qui combattait sous des couleurs étrangères perdait sa part dans la prise (2).

Mais le pavillon n'est que l'apparence, et comme tous les navires pourraient se pavoiser avec les couleurs de toutes les nations, le pavillon seul ne peut créer une propriété et attester son origine : sous la fiction il faut trouver la réalité, car il est important de savoir si le navire et la cargaison appartiennent à un ennemi, à un allié ou à un neutre. Comment arrivera-t-on à la réalité? Par les chartes-parties, les connaissements, les factures, le congé, les expéditions et les actes de propriété. Il faut que ces pièces soient signées, authentiques et trouvées à bord des navires (3), de façon qu'elles ne servent pas à *masquer*, c'est l'expression de Valin, le navire ou les marchandises; par conséquent, si les dépositions des gens de l'équipage étaient en contradiction avec les papiers saisis, ces papiers seraient annulés. Tels sont les moyens à l'aide desquels on prouve l'origine et la propriété du navire et de ce qu'il contient. Et ici, nous rencontrons une présomption contre les neutres ou les alliés, semblable à celle que nous avons signalée quand le corsaire français est trouvé porteur de plusieurs pavillons : les ordonnances de 1543, art. 43, 1584, art. 70, et 1681, art. 6, décidaient que les vaisseaux sur lesquels on ne rencontrait ni charte-partie, ni connaissement, ni facture seraient de bonne prise avec leur chargement, parce qu'alors « il y a fraude et déguisement. »

A cette présomption, il faut en joindre une autre toute spéciale à la course maritime, le jet à la mer d'un papier quelconque, en présence du capteur : ce jet équivaut à l'absence complète de papiers.

Voilà donc le corsaire français armé en guerre avec permission de l'autorité supérieure ; il a donné caution (4) de respecter les coutumes de la mer et les ordonnances, il ne peut tirer un coup de canon que sous pavillon français, il sait quels sont les navires auxquels il peut donner la chasse, et les conditions dans lesquelles il pourra faire une bonne prise. Comment se conduira-t-il à la mer? C'est ce qui nous reste à examiner.

Le corsaire aperçoit en mer un navire ennemi, neutre, allié ou même un navire sous pavillon français : il tire, à poudre, le coup de

(1) Ord. du 17 mars 1696. Le chevalier d'Abreu, part. 2, chap. VIII.

(2) Ord. du 18 juin 1704 ; 1803, art. 33.

(3) Arrêt du conseil du 21 janvier 1693.

(4) 1803, art. 20 et suiv.

canon dit *de semonce*, pour avertir le navire poursuivi qu'il ait à amener ses voiles et à se laisser approcher. Si le navire refuse d'amener ses voiles, il y est contraint par la force, et s'il résiste, s'il combat, il est de bonne prise. L'art. 65 de l'ordonnance de 1584 permettait déjà à tout navire armé en guerre « découvrant à vue ou au plus près d'autres navires amis, alliés ou autres, de courir sur eux, de les semondre d'amener leurs voiles et, en cas de refus, de les y contraindre par artillerie. » « Rien ne peut dispenser, dit Valin (1), de « l'obligation de se laisser reconnaître, et le capitaine s'excuserait « vainement sur la nature de la construction de son navire, de même « que sur la qualité de son pavillon ; soit parce que ces signes sont « souvent trompeurs...., soit parce qu'il est intéressant de vérifier « si dans les navires alliés ou neutres, il n'y a pas de marchandises « de contrebande. »

Le navire est pris ! Le capteur doit se saisir des congés, passeports, lettres de mer, chartes-parties, connaissements et de tous autres papiers concernant le chargement et la destination du vaisseau, des clefs de coffres, armoires et chambres; il doit faire fermer les écoutilles ; le tout ne pouvant être ouvert avant le jugement de la prise (2). Un inventaire est dressé de tout ce qui est trouvé à bord (3). Il faut en effet préparer, sans fraude, le jugement de la prise, et sauvegarder les intérêts des armateurs. A cet effet le navire capturé devra être envoyé avec les prisonniers, afin d'affaiblir le plus possible l'ennemi et de bien constater la prise (4) au port d'armement du capteur, à moins que la tempête n'oblige à relâcher dans un autre port. Il est donc défendu « sous peine de la vie, de couler à fond les vaisseaux pris et de descendre les prisonniers en des îles ou côtes éloignées, pour céler la prise (5), non plus que de vendre la prise, en mer ou à terre. » Mais

(1) P. 270, sur l'art. 13.

(2) Loi de 1803, art. 6, 12. L'ord. de 1706 ordonne aussi d'interroger les prisonniers sur les signaux qu'ils auront pu apercevoir, afin de constater les sociétés qui auraient pu se former en mer, entre divers corsaires ou croiseurs. — Art. 16 de 1681 ; 43 de 1543 ; 10 de 1584 ; — art. 10, de 1400. Ces dispositions sont prises contre le pillage. « Autrefois, dit Valin, p. 292, le pillage en fait de prises était si commun et si effréné, que les équipages en étaient venus jusqu'à jurer sur le pain, le vin et le sel, devant un prêtre, que de tout ce qu'ils pourraient prendre ou dérober des prises, ils n'en révéleraient ni diraient aucune chose à justice, aux propriétaires, armateurs, ni autres, et qu'ils en feraient partage entre eux. Serment abominable qui fut enfin proscrit, ajoute Valin, par l'ord. de 1543.

(3) Règlem. du 25 nov. 1693.

(4) Art. 4, 1400 ; 20, 1543 ; 13, 1584.

(5) 1400, art. 7 ; 1517, art. 5 ; 1543, 22 ; 1584, 35 ; 1681, 8.

il peut arriver que le capteur ne puisse se charger de tout l'équipage du capturé et qu'il ne veuille enlever que les marchandises, en relâchant le navire par composition et après rançon, ou parce que le mauvais état de la mer et les résultats du combat font craindre que la prise ne coule bas : les papiers n'en devront pas moins être saisis, et, au moins deux des principaux de l'équipage amenés à bord du capteur, sous peine de privation de la prise et même de punition corporelle (1681, art. 19).

Ces formalités remplies, la prise est amenée dans le port d'armement, ou dans tout autre si c'est nécessaire ; le capitaine fait son rapport à l'amirauté (1) : il faut qu'il indique où il a pris le navire, le jour, l'heure, les circonstances, le combat ; il ne doit rien omettre, afin que le tribunal chargé de valider la prise puisse contrôler son récit avec celui des prisonniers capturés. (1681, art. 24. — 1400, art. 4, 18. — 1517, art. 3, 14. — 1543, art. 20, 40, 46. — 1584, art. 25, 33, 51, 58.)—(Déclaration du roi, 1er août 1650) (2). Procès-verbal est alors dressé, à bord, en présence du capitaine, de la qualité et de la quantité des marchandises, de l'état des armoires, coffres et écoutilles. Anciennement le sceau de l'amiral était apposé sur toutes les ouvertures, et l'amirauté pouvait établir des gardes (1681, art. 22).

Il faut juger si la capture est de bonne prise ; ce n'est pas ici le lieu de s'occuper de la juridiction du conseil des prises et d'en faire l'histoire ; contentons-nous de dire qu'il y a toujours eu une juridiction chargée de juger les prises, de vérifier les circonstances, de tout peser, de tout examiner, et de déclarer si le capteur peut profiter de sa capture.

Le navire et les marchandises sont vendus (3), à moins qu'il n'y ait eu rançon (4) : le dixième est attribué à l'amiral de France

(1) Loi de brumaire, art. 5 et 6 : c'est le juge de paix qui est chargé de ce soin.

(2) Pour fortifier les preuves et arriver à un contrôle sérieux, l'ord. ne négligeait aucun moyen. Si le capturé est amené sans prisonniers et sans papiers, les officiers, soldats ou marins de l'équipage sont interrogés séparément, et des experts sont nommés ayant mission de reconnaître sur qui la prise a été faite. Ord. de 1543, 21 ; 1584, 34. — Valin remarque, p. 327, qu'à l'époque des ord. du 16e siècle, les cas étaient fréquents où il fallait procéder à des interrogatoires et à des expertises, à cause des cruautés auxquelles les corsaires s'abandonnaient.

(3) Sans que les officiers de l'amirauté puissent se rendre adjudicataires, directement ou indirectement. — V. Ord. art. 10, titre 3, liv. 1, et art 16, titre des Naufrages. Ce sont les principes des art. 1596, 1597, du Code Napoléon.

(4) Valin remarque que l'ordonnance de 1681 est la première qui parle des rançons. Avant elle, le capturé devait toujours être amené dans le port, et cela

par les anciennes ordonnances (1) et par l'art. 91 de la loi de 1803, les propriétaires du capteur ont droit aux 2/3 de la prise, l'autre tiers revient à l'équipage (art. 92). Les frais de justice sont prélevés sur le reste, qui est ensuite partagé entre les intéressés, conformément à leur contrat. S'il n'y a pas de contrat, deux tiers sont donnés à ceux qui ont fourni le vaisseau, un tiers aux officiers, matelots et soldats (2).

Depuis 1681, il n'est plus question, dans les ordonnances, du partage en nature contre lequel les intéressés dans les armements en course, les capitaines et les marins avaient protesté depuis longtemps. La prise était donc toujours vendue ; mais un grave inconvénient aurait pu résulter de ces ventes faites en France, si on n'avait pas eu soin d'en distraire les marchandises prohibées (3), et d'obliger l'adjudicataire à une réexportation en Amérique ou à l'étranger. Le libre échange ne pouvait pas se glisser à l'ombre de la course. Deux arrêts du Conseil de 1708, 1744 réglaient ce qui concernait la poudre prise sur l'ennemi. Les monnaies, les matières d'or et d'argent devaient être portées à l'hôtel des monnaies du roi (4). Plusieurs arrêts ont condamné les armateurs du Havre et de Calais pour contravention à ce règlement.

se comprend, si l'on réfléchit qu'anciennement les bornes du commerce étant fort resserrées, il devenait facile d'amener le capturé à un port voisin ; que, de plus, le droit des gens n'étant pas encore établi, les billets de rançons n'étaient pas reçus comme dette légitime. Ces rançons, qui avaient pour inconvénient de ne pas faire faire de prisonniers de guerre, avaient été réglées par diverses ordonnances, dont l'une du 30 septembre 1693, année disetteuse, défendait d'accepter rançon des navires chargés de blés ; dont une autre fixait le maximum des rançons. Le navire rançonné devait garder un double du billet de rançon qui lui servait de sauf-conduit pendant le délai stipulé. — (Règl. du 27 janv. 1706). — Voyez cependant le *Consulat de la mer:* Pardessus, p. 208, 209, 210, t. 2. « Du rachat « ou des accommodements avec les bâtiments armés des ennemis. » — Au sujet des rançons, Valin cite un fait curieux : Depuis l'etablissement des francs-maçons, il n'a pas été rare de voir le capitaine preneur relâcher les effets personnels du capitaine pris.

(1) Le 15 mai 1756, ce dixième, aussi ancien que la charge de l'amiral de France, fut suspendu « à cause des encouragements à donner à la course contre les ennemis de l'État. » — On retenait aussi quelque chose pour les invalides de la marine. — Mars 1793. L. de brumaire, art. 28.

(2) Art. 25 de l'Ord. de 1543 : 1/8 au propriétaire. — Voy. ch. xi du *Guidon de la mer*. Pard., p. 413, t. 2 ; l'Ordon. de 1674, par laquelle le roi cédait ses bâtiments aux particuliers pour les aider à faire la course, attribuait 1/3 aux armateurs, 2/3 au roi.

(3) Février 1687, 15 oct. 1691, 21 juin 1692, 25 mai 1695, 6 sept. 1701, 9 juillet 1709.

(4) Loi de brumaire, art. 24. Un arrêté du 4 brumaire an III prescrit aux capteurs de faire parvenir tout ce qu'ils prennent de curieux au Musée national.

L'ordonnance de 1757 règle la liquidation des prises faites par les navires de S. M. Elle donne deux tiers au roi et un tiers à l'équipage, plus une somme d'argent pour la prise de chaque canon. Aux termes de l'art. 1er du règlement du 9 ventôse an IX, dans lequel se trouve le dernier état de la législation sur ce point, toutes les prises faites par les bâtiments de guerre de l'Etat sont attribuées en totalité aux individus composant les états-majors et équipages capteurs, lorsqu'elles ont pour objet des bâtimens de guerre ennemis. Quand la prise a pour objet des navires de commerce, le preneur (art 2) n'a droit qu'aux deux tiers, l'autre tiers étant attribué à la caisse des invalides de la marine. Le tiers revenant à ladite caisse n'est que celui du produit net de la prise.

DE LA PÊCHE, EN TEMPS DE GUERRE

Nous demandons le rétablissement des corsaires; nous demandons au moins que la France ne se lie pas les mains par une déclaration formelle, et qu'elle puisse faire face à toutes les éventualités. Dans tous les cas, et qu'on suive la doctrine du Congrès de Paris ou les anciennes coutumes de la France, il faut qu'il soit bien entendu que les navires de l'Etat ou les corsaires renoncent à capturer les pêcheurs.

Cette déclaration semble nécessaire, même aujourd'hui, même après le Congrès de Paris, car notre honorable collègue, M. Moreau, dans l'article dont nous avons déjà parlé, nous apprend que sir Charles Napier, lors de son expédition contre Cronstadt, a fait sentir aux inoffensifs pêcheurs de la Finlande le joug de la guerre, et de la guerre qu'il ne pouvait faire aux murs de Cronstadt.

C'est un abus dont il faut prévenir le retour. Au moins l'humanité et la civilisation ne pourront jamais adresser à la France le reproche que nous adressons, et que l'histoire de tous les temps adresse à l'Angleterre : nous avons rapporté les nobles paroles de Louis XVI : la tradition dont elles sont l'écho n'était pas nouvelle dans la monarchie; elle a toujours été suivie par la France, même dans les plus mauvais jours.

En 1536, des édits sont publiés en France et en Hollande, sous le nom de *trêves pêcheresses*, pour protéger la pêche aux harengs. (Voir Cleirac, art. 80.)

Une ordonnance du 1er octobre 1692, reconnaissait la neutralité parfaite de la pêche. A la vérité elle éloignait les pêcheurs anglais des parages français; mais elle accordait à ceux qui y seraient rencontrés un sauf-conduit de huit jours. Cette mesure avait pour but de garantir la France de l'espionnage auquel se livrait l'ennemi, qui préparait le bombardement des places maritimes exécuté en 1694.

Au mois de mars 1793, le conseil exécutif autorisa les officiers municipaux de Calais à ouvrir, avec le commandant des Dunes, une négociation pour l'affranchissement entier de la pêche à trois lieues des côtes. Mais, dans le courant de la même année, l'Angleterre autorisa la capture des bateaux-pêcheurs français; aussi la Convention chargea-t-elle le conseil exécutif de réclamer les bateaux pêcheurs saisis ou d'user de représailles, en cas de refus.

En 1780, un corsaire de Dunkerque ayant capturé un bateau anglais le *Jean* et *Sara*, n'insista pas auprès du conseil des prises, quand il eut reconnu que c'était un pêcheur.

Le gouvernement de Napoléon Ier suivit ces inspirations, à l'encontre de l'Angleterre : il déclara « qu'il s'abstiendrait de toutes représailles, et il ordonna que les bâtiments français continueraient à laisser la pêche libre et sans atteinte. »

La question s'étant présentée au conseil des prises, le 9 thermidor an IX, à propos du pêcheur portugais, *la Nostra senora de la Piedad*, capturé par le corsaire la *Carmagnole*, le conseil ordonna la restitution de la capture (1).

(1) Voy. la note remise par M. Otto, ambassadeur de France à Londres, à lord Hawkesbury.

DE LA LIBERTÉ DES MERS

ET DU DROIT DES NATIONS NEUTRES

EN TEMPS DE GUERRE MARITIME

I

L'examen du droit des *neutres*, du droit des nations qui, comme nous l'avons dit, restent spectatrices du combat, sans y prendre part, va nous conduire à l'étude de l'une des parties les plus intéressantes et les plus débattues du droit des gens. Cette étude ne nous a pas semblé inutile, même en présence de l'unanimité des nations à reconnaître aujourd'hui les principes proclamés par le Congrès de Paris. Pendant les premières années de ce siècle, la plupart des nations de l'Europe se sont encore battues pour le maintien de ces principes; et il n'y en a peut-être pas qui aient suscité plus de controverses et fait verser plus de sang. Or, il faut le dire dès à présent, parce que l'histoire du droit des gens l'a écrit à chacune de ses pages, et que nous serons obligé de le répéter souvent, l'Angleterre a toujours méconnu les vrais principes, elle a laissé ses intérêts dominer les droits de l'humanité, de la civilisation, du commerce et de la liberté des mers : jusqu'à la dernière guerre d'Orient, elle a toujours proclamé les principes contraires à ceux du Congrès de Paris; et, nous pouvons le dire, ce n'est que l'abolition de la *Course* qui a fait répudier à l'Angleterre un vieux droit qu'elle considérait comme son droit national ; ce n'est que l'abolition de la course qui a conduit l'Angleterre à la reconnaissance des principes que notre alliée n'attend peut-être qu'une occasion pour répudier (l'histoire du passé nous permettant de prévoir l'avenir) ! Il faut donc justifier ces principes du droit des gens qui n'ont pas toujours été ceux des nations maritimes, et que la France, qui les a longtemps méconnus, s'est efforcée depuis de faire prévaloir; il faut savoir où est la vérité : du côté du passé ou du côté du présent ; du côté de l'Angleterre ou du côté des autres nations de l'Europe.

II

En temps de guerre maritime, le droit des neutres est double.

Nous savons ce que veut dire cette maxime : *Le pavillon couvre la marchandise ;* depuis que nous en avons donné l'explication dans la première partie de ce trop long travail, et que nous nous félicitions d'avoir à l'appliquer à une guerre récente, mais terminée, de nouveaux exemples se présentent et nous pouvons parler d'actualités. Nous n'avons pas besoin de dire que notre étude aurait pu et voulu se passer de cette actualité.

La France et le Piémont sont en guerre avec l'Autriche : les autres nations maritimes de l'Europe restent neutres ; quels sont leurs droits, d'après la Paix de Paris, aux dispositions de laquelle les parties belligérantes ont déclaré vouloir se conformer ? Les nations neutres, sans avoir rien à craindre des navires de guerre français, autrichiens ou piémontais, pourront transporter de n'importe quel point du monde, à Gênes, à Trieste, à Venise ou au Havre, des marchandises autrichiennes ou françaises, et appartenant à des négociants français ou autrichiens. En d'autres termes, si le navire est neutre, la marchandise ennemie sera neutralisée dans ses flancs : sa propre neutralité protégera la marchandise ennemie ; le pavillon défendra, *couvrira* la marchandise ; la marchandise disparaîtra, pour ne laisser voir que les couleurs neutres, représentation et personnification de la nationalité à laquelle elles appartiennent.

Voilà le premier droit des neutres : transporter librement les marchandises ennemies.

Voici le second : les négociants neutres pourront-ils, sans danger, faire transporter leurs marchandises sur des navires ennemis ! Le pavillon ennemi fera-t-il confisquer des marchandises qui ne sont pas ennemies ? Le navire compromettra-t-il les marchandises qu'il porte dans ses flancs ? Nous répondrons, avec le Congrès de Paris, que la marchandise neutre est libre à bord d'un navire ennemi, malgré la présence d'autres marchandises ennemies ; *que la robe d'ennemi ne confisque pas la robe d'ami.*

Ainsi, d'un côté, le pavillon neutre protége la marchandise ennemie, de l'autre côté, le pavillon ennemi ne la compromet pas : dans les deux cas, les belligérants, en respectant la propriété neutre et la propriété ennemie, ne feront d'exception [que pour la contrebande de guerre que les neutres ne peuvent pas transporter et pour le blocus qu'ils ne peuvent pas violer.

III

Avant d'entrer dans l'examen philosophique et historique de la double maxime du pavillon, nous devons faire remarquer qu'elle est faite surtout pour protéger les neutres. Les nations neutres, indifférentes à une guerre dont elles n'ont que faire, ne peuvent pas voir, sans la plus grave atteinte portée au droit des gens et au respect de la neutralité, leurs relations commerciales interrompues, brisées, leur activité réduite à l'inaction, leurs ports fermés, pour le bon plaisir d'une nation plus forte, qui, sous prétexte de marchandise ennemie, ruinera le commerce d'un peuple neutre qu'elle n'aura pu entraîner à sa suite dans la guerre. En effet, ce n'est pas, la plupart du temps, contre la marchandise ennemie que la violence sera faite au pavillon neutre, c'est le pavillon neutre qu'on voudra mettre en interdit et auquel on défendra la libre circulation, non pas parce qu'il porte des marchandises ennemies, mais parce qu'il pourrait porter les siennes. La marchandise ennemie n'est qu'un vain prétexte, et ce prétexte couvre une pensée qu'on ne cherche pas d'ailleurs à dissimuler : annihiler la marine marchande des neutres et faire à sa place le commerce des nations.

Ce serait, assurément, méconnaître le droit des gens, que de défendre à une nation neutre de transporter les marchandises d'une des parties belligérantes; mais quelle atteinte ne porterait-on pas à tous les principes, si, sous le prétexte de ruiner le commerce de l'ennemi, on ruinait du même coup le commerce des neutres?

Les exemples abondent dans l'histoire pour prouver ce que nous avançons : la pensée dominante des nations qui ont depuis longtemps reculé devant l'admission et l'application du droit des neutres a toujours été celle-ci : Substituer leur propre marine marchande à la marine marchande des neutres, et faire chez leurs alliés, chez les neutres, et même chez leurs ennemis le commerce des marchandises nationales, neutres ou ennemies, à l'exclusion de tous les autres pavillons. De telle sorte que les neutres souffraient de la guerre plus encore que les parties belligérantes; ils avaient tout à y perdre et rien à y gagner, et ils étaient obligés de la subir, sans s'y être préparés, sans y avoir aucune espèce d'intérêt. On comprend, du reste, comment les choses se passaient : les parties belligérantes qui ne reconnaissaient pas la maxime du *Pavillon neutre* supposaient que tout ce qui sortait des ports ennemis ou y entrait, était marchandise ennemie ; et, afin de pouvoir s'en emparer avec une apparence de droit, ils mettaient en interdit tous les ports, toutes les côtes de l'ennemi ; ils bloquaient son littoral fictivement, *sur le papier*, puis, avec quelques coureurs, ils s'emparaient, sans scrupule, de tout ce qui sortait de chez l'ennemi, de tout ce qui voulait y entrer. Les nations dont nous parlons allaient quelquefois plus loin : ce ne sont pas seulement les côtes de l'ennemi qui étaient bloquées ou censées bloquées, c'étaient les côtes mêmes des neutres, et toujours, sous ce prétexte, que les neutres pouvaient transporter la marchandise ennemie.

Il est facile de trouver dans l'histoire moderne la preuve de ces prétentions exagérées :

Le 22 août 1689, la Hollande et l'Angleterre, réunies sous un même chef et liguées contre la France, la Hollande avec la haine d'une puissance récemment abattue et qui relève la tête, les Anglais avec leur vieille haine, leurs instincts d'ennemis acharnés et de marchands jaloux, surexcités encore par cet acharnement factice et violent que venait de produire la révolution contre les Stuart, l'Angleterre et la Hollande proclament qu'elles attaqueront et déclareront de bonne prise tout vaisseau destiné pour un des ports de France ou qui en sortirait. La guerre légitime ou prétendue telle qu'on pourrait avoir le droit de faire à la marchandise ennemie sur les navires neutres, cette guerre disparaît ; ce n'est pas la marchandise ennemie que l'Angleterre et la Hollande veulent proscrire et poursuivre, ce sont les autres nations maritimes de l'Europe qui sont mises au ban des deux alliées, c'est leur commerce qu'il faut anéantir, pour mettre le commerce des alliées à sa place ; ce n'est pas la France qu'il faut fermer au commerce des neutres, c'est l'Europe, c'est le monde entier. Ce traité entre l'Angleterre et la Hollande, l'histoire nous l'apprend, était principalement dirigé contre la Suède et le Danemark. Mais ces deux nations, qui ont toujours tenu bien haut et bien ferme le drapeau des neutres, résistèrent avec énergie ; elles se liguèrent par un traité du 17 mars 1693 ; et, comme ceux qui ont la France pour ennemie ont en général assez de cette affaire, les droits de la Suède et du Danemark furent reconnus et les prises qu'avaient faites les alliés furent rendues.

Tel est le droit que proclamaient l'Angleterre et la Hollande en 1689 : faire le plus de mal possible à la France et à son commerce, mais surtout profiter de cette circonstance pour empêcher les neutres de faire un commerce quelconque, soit avec les marchandises ennemies, soit même avec les marchandises neutres ; substituer enfin la marine de la Hollande et de l'Angleterre à toutes les marines de l'Europe.

Cette tactique n'était pas nouvelle dans la politique de l'Angleterre. La reine Élisabeth, dont nous avons déjà vu les démêlés, à ce sujet, avec Henri IV, défendit, en 1597, aux peuples neutres de porter en Espagne les blés de la Pologne. Les Hollandais, ligués avec l'Angleterre, ne firent pas la même défense, par la simple raison que les Hollandais voulaient aller vendre et allaient vendre, en effet, aux Espagnols, leurs ennemis, des marchandises hollandaises. Le marchand se retrouve toujours, même au milieu de la lutte. Ce trait de désintéressement si profitable semble usurpé sur le domaine de l'Angleterre; on peut s'en consoler en pensant que l'Angleterre aurait fait la même défense aux neutres et n'en aurait pas moins vendu ses marchandises aux Espagnols : la Hollande, au moins, admettait la concurrence (1).

Il faut reconnaître, à l'éternel honneur de la France, qu'un semblable mobile n'a jamais dirigé sa politique, ni servi de base aux principes du droit des gens sur lesquels elle a voulu s'appuyer. Si elle a quelquefois méconnu le droit des nations neutres, elle n'a jamais voulu leur faire une guerre indirecte; elle n'a voulu atteindre que ses ennemis, en dépassant quelquefois le but, il est vrai; mais non pour aller frapper ceux qui n'étaient pas directement exposés à ses coups. Elle a fait plus: toutes les fois qu'elle l'a pu, toutes les fois qu'elle n'a pas été aveuglément entraînée aux représailles, elle a défendu le droit des neutres avec l'autorité qui s'attache à sa position en Europe et à la puissance de son épée; elle que cette position et que cette puissance éloignent toujours de la neutralité, elle qui, suivant la parole d'un de ses plus formidables ennemis, ne doit pas permettre qu'on tire un coup de canon, en Europe, sans sa volonté.

IV

Première maxime : le Pavillon couvre la marchandise.

Il faut examiner avec quelque attention le fondement juridique et philosophique des deux maximes du droit des neutres. Pour ar-

(1) V. d'autres exemples dans Grotius, liv. III, ch. Ier, § 5. Note 6, tome 3, p. 557, 558, édit. de Lauzanne, MDCCLII.

river à la même conclusion, la protection de la nation neutre, elles semblent partir de deux principes opposés. Si le pavillon neutre couvre la marchandise ennemie, s'il la dénationalise; le même pavillon, quand il sera ennemi, la même abstraction, quand elle ne sera plus neutre, devrait dénationaliser la même marchandise et la faire ennemie : la logique rigoureuse conduirait à ce résultat que n'a point accepté le droit des gens. Il y a mieux, et la singularité n'est pas seulement dans le résultat illogique en apparence, elle est encore dans les faits historiques. Tandis que les traités internationaux sanctionnent le droit du pavillon neutre nié par certains publicistes, tous les publicistes protégent la marchandise neutre sur les navires ennemis, alors qu'elle est sacrifiée par presque tous les traités. Cette anomalie s'explique facilement.

Le *Consulat de la mer*, la première des lois particulières qui se soient occupées du droit des neutres, contenait sur les deux maximes les dispositions suivantes, qu'il est bon, du reste, de faire connaître immédiatement parce qu'elles ont servi de base au droit public de l'Europe, pendant plus de trois siècles, et qu'elles ont été le code maritime de l'Angleterre :

« Lorsqu'un navire armé allant ou revenant ou étant en course, « rencontrera un navire marchand, si ce dernier appartient à des « ennemis, ainsi que sa cargaison, il est inutile d'en parler (c'est-« à-dire que le navire et la cargaison sont de bonne prise); mais si « le navire pris appartient à des amis, tandis que les marchandises « qu'il porte appartiennent à des ennemis, l'amiral du navire armé « peut forcer le patron du navire qu'il aura pris à lui apporter ce « qui appartiendra aux ennemis.... à la charge de payer le fret.

« Lorsque le patron du navire capturé ou quelques-uns des ma-« telots disent qu'ils ont des effets qui leur appartiennent, si ce « sont des marchandises, ils ne doivent pas être crus à leur simple « parole, mais on doit s'en rapporter au registre du navire si l'on « en trouve. S'il n'y a pas de registre, le patron et les matelots « doivent affirmer leur assertion par serment.....

« Si le capturé refuse de porter les marchandises ennemies en « lieu de sûreté, le capteur peut le couler à fond, sauf qu'il doit « sauver les personnes.

« Si le navire appartient à des ennemis et la cargaison à des amis, « les marchands qui s'y trouvent doivent s'entendre avec le capteur, « pour racheter le navire pris, par une bonne composition (1). »

(1) Je me sers de la traduction de Pardessus, t. 2, p. 303, 304, 305, 306, — chap. CCXXXI.

Ainsi le *Consulat de la mer* paraît logique : dans les deux cas, pour confisquer la marchandise, il ne considère que la propriété, que l'origine de la marchandise, et nullement la nationalité du pavillon. D'où vient l'anomalie apparente qui a succédé au système du *Consulat*? Pourquoi la première maxime est-elle repoussée par les traités, la seconde admise au contraire, tandis que les publicistes admettent la première et repoussent la seconde ? « Sans doute, ainsi que le pense M. Hautefeuille, parce que l'on a regardé les deux maximes contenues dans le *Consulat de la mer* comme étroitement liées : on changea la première, il fallut changer la seconde. En un mot, on prit l'opposé des solutions anciennes ; la propriété ennemie fut affranchie sur le navire neutre, la propriété neutre fut confisquée sur le navire ennemi..... Le *Consulat de la mer* avait pris pour base de ses décisions la qualité du propriétaire, la loi qui succéda immédiatement au *Consulat* prit pour base unique la nationalité du pavillon. »

C'est cette double base de la nationalité du pavillon et de l'origine de la propriété qu'il faut justifier, à l'encontre des principes admis par le *Consulat de la mer* et par le droit qui succède à la loi du moyen âge ; c'est la liberté absolue du commerce des neutres qu'il faut démontrer, en l'appuyant sur la liberté des mers, et sur la liberté même du commerce maritime en général, garantie de l'indépendance des nations. — La mer libre, le commerce libre, l'indépendance des nations, voilà les bases des deux maximes qui vont nous occuper.

On conviendra que quand ces deux démonstrations seront produites, la question aura fait un grand pas : si le commerce est libre, parce que le commerce tient à l'indépendance des nations, si cette liberté s'augmente encore de la liberté de la mer, il est évident que les marchandises neutres chargées sur les navires ennemis, et les navires neutres, en les supposant chargés de marchandises ennemies, devront circuler sans danger, par le fait d'un commerce libre, sur un élément libre.

V

Liberté des mers.

La liberté absolue de la mer semble ne devoir plus être mise en question à notre époque : cette partie du globe est reconnue indépendante et libre : et, si puissantes que soient leurs flottes, si arrogant que soit le vieux système de droit des gens qu'elles ont pu façonner à leur usage, les nations ont aujourd'hui abandonné toute prétention à la souveraineté de l'Océan. Nous ne nous arrêterons donc pas longtemps à la démonstration de cette proposition, base indispensable de tout le système du droit des neutres : *la mer est libre;* pas plus qu'à cette autre qui en est comme la conséquence : *le commerce maritime est libre.* Grotius a écrit sur ce vaste sujet un traité intitulé *Mare liberum :* Selden (dans le langage du temps, Seldenus) lui répondit, au profit de l'Angleterre et des doctrines anglaises, qui tendaient à la souveraineté de la mer pour arriver à la souveraineté de l'Europe, par une dissertation restée fameuse sous le nom de *Mare clausum.* Les deux publicistes ont lutté d'érudition et de citations. Après eux il n'y a rien à ajouter, et il faut s'étonner encore du prodigieux travail qu'il a fallu à ces hommes des grands siècles d'études, pour accumuler tant d'érudition et de science dans des traités spéciaux. Grotius aura eu l'honneur de proclamer le premier une vérité du droit des gens, dans un livre qui fit époque : il a sur son adversaire l'avantage d'être du côté de la logique, du bon sens, de l'histoire et de la justice.

La mer n'est pas susceptible de propriété, parce qu'elle manque essentiellement de stabilité, parce que ses flots mobiles ne semblent propres qu'à rejeter, qu'à balloter, qu'à engloutir le sceptre qu'on voudrait leur imposer. Celui qui dit à la mer : Tu n'iras pas plus loin, a voulu la soustraire à la domination exclusive d'une nation, parce qu'il l'a placée entre les peuples pour qu'elle fût pour eux un lien commun. Il ne peut donc pas y avoir sur mer de propriété, de possession exclusive; une seule nation ne pourrait pas en exclure toutes les autres : or, sans la possession exclusive, sans le droit d'exclusion, il n'y a pas de propriété. « *Possidere autem dicitur qui naturaliter rem tenet et rei insistit.* (D. L. 1, de acq. possessione.)— *Dominus nemo est ejus rei quam nec ipse unquam possidet,* » dit Grotius.

D'ailleurs, la possession, la propriété de la mer seraient-elles *utiles?* Et l'utilité est une des bases de la propriété. Grotius va répondre : « Nullum igitur jus hominibus in res terræ competit nisi ex apprehensione et quatenus apprehendunt; quæ igitur nondum apprehensa, id est, in possessione corporali hominum constituta non sunt, vel constitui non possunt, manent nullius. »

Selden lui-même, qui conclut à la possibilité, à la nécessité de la possession, déclare cependant que le possesseur exclusif de la mer ne saurait, sans violer les devoirs de l'humanité, refuser l'usage de la mer aux autres nations : que sera alors cette possession exclusive? Il faut la réduire à une sorte de nue-propriété et accorder que les droits de la multitude des usufruitiers l'emporteront sur ceux de l'unique propriétaire, heureusement trop faible pour imposer sa loi au reste du monde. Réduite à ces termes et examinée en fait, la proposition du publiciste anglais tombe d'elle-même. En vain essaie-t-il d'assimiler le lit de la mer au lit d'un fleuve, et de s'appuyer sur la propriété légitime du lit des fleuves par les nations. L'assimilation est impossible, à cause de l'immense étendue du lit de la mer et de sa cohésion avec tous les continents. Quel continent, en effet, osera affirmer que sa cohésion est plus complète que celle des autres? Quel continent osera affirmer qu'il doit exclure les autres?

L'examen historique est tout en faveur de Grotius : dans l'antiquité, les nations les plus puissantes sur mer n'ont jamais revendiqué un droit exclusif pour leur souveraineté ; Rome elle-même, la maîtresse du monde, répondait par la bouche de l'empereur Antonin : « Je suis le maître du monde ; mais la loi seule règne sur la mer. » Nous pouvons donc conclure avec la reine Elisabeth : « L'usage de la mer et de l'air est commun à tous ; aucun peuple, aucune personne privée ne peut avoir de droit sur l'Océan, parce que ni la nature ni l'usage public n'en permettent l'occupation. » (1)

Quelques traités particuliers, quelques lois intérieures, quelques concessions, quelques prétentions à la souveraineté ne sauraient être ici d'un poids quelconque. Aucune nation n'a un droit sur la mer ; elle ne pourrait aliéner un droit qu'elle n'a pas, et usurper ce droit sur les autres nations par un consentement tacite ou exprès. A certaines époques, les souverains ont exigé des autres nations le salut de leur pavillon militaire en pleine mer ; Puffendorff, après Selden, a voulu voir dans ce fait une reconnaissance de la souveraineté des mers ; mais Barbeyrac a réduit avec raison cette prétention à sa juste valeur : la reconnaissance d'infériorité d'un bâtiment marchand envers un bâtiment de guerre. (2)

« Ni le vaste Océan, ni la mer des Indes, dit M. de Martens « (p. 89, 90, édit. de 1821), n'ont pu être acquis exclusivement « par une nation quelconque. Ce n'est pas la difficulté seule d'en « maintenir la possession qui s'y oppose : c'est le défaut d'une

(1) V. Inst. de Justinien, lib. II, t. 1, § 1.

(2) V. Ordon. d'Henri II, 1543, Henri III, 1584. — Traités de 1655, 1662 1667, 1674, 1681, et la Querelle de Louis XIV et de l'Espagne.

« raison justificative pour soustraire à la communauté primitive
« d'usage ce qui suffit aux besoins communs de tous ; la jalousie
« de commerce n'est pas un titre à une telle extension, et ni la
« priorité du temps, ni les concessions papales, ni la prescription
« n'ont pu frustrer le reste des nations de l'univers de la jouissance
« d'un droit commun à tous. »

VI

Liberté du Commerce.

Le commerce ne doit pas être moins libre que la mer ; mais il y a quelque chose de plus élevé que le droit du commerce, c'est l'indépendance d'une nation, c'est le respect que cette indépendance doit inspirer aux autres peuples ; or, cette indépendance ne doit souffrir aucune atteinte de l'état de guerre qu'il plaît à deux autres nations d'entretenir entre elles ; elle protége la nationalité en tous lieux et sous toutes les formes, sur le territoire continental qu'il n'est pas permis de violer, comme à l'ombre du pavillon qui porte la nationalité dans ses plis. Que la propriété de l'ennemi soit atteinte sur le territoire de l'ennemi ou sur le vaisseau qui n'en est que la continuation, c'est le droit du belligérant ! mais que le territoire du neutre qui n'est pas affecté par l'état de guerre, ou que la représentation, l'image de ce territoire soient violés indirectement, afin qu'on puisse atteindre la propriété ennemie ; qu'un des belligérants s'arroge sur le libre Océan une juridiction qu'aucune loi divine, qu'aucun consentement humain ne lui a donné sur un peuple étranger, c'est ce qui ne saurait être admis en face des trois grands principes de liberté et d'indépendance qui servent de sauvegarde à toutes les nations et que les puissantes ne sauraient mépriser, au détriment des faibles, sans manquer à leur mission ici-bas, même en s'appuyant sur un prétendu droit de nécessité avec lequel on ne colore que les violences et les abus. (1)

Les neutres, pour user de leur droit et pour faire tous les genres de commerce, celui d'échange et celui de commission, n'auront que deux obligations à remplir : ne porter aucune atteinte à l'indépen-

(1) V. pour ce droit de nécessité le paragraphe du Blocus. — C'est en vertu de ce droit d'inviolabilité du territoire neutre que la propriété ennemie est en sûreté quand elle a pu atteindre une rade ou une mer neutres.

dance des peuples en guerre ; ne pas violer les devoirs de la neutralité (1). Si ces obligations ne sont pas remplies, le neutre perd son caractère d'ami ; il devient ennemi et mérite d'être traité comme tel. Mais les belligérants ne sauraient, sans violer le droit des gens, sans fouler aux pieds l'indépendance de la nationalité, celle du territoire, la liberté du commerce et celle des mers, refuser aux navires neutres le droit de protéger les marchandises ennemies et de leur communiquer une liberté qui ne peut leur être ravie. Le droit incontestable et incontesté de nuire aux ennemis s'arrête devant le pavillon neutre, dont l'indépendance ne doit pas être atteinte, même indirectement. Tels sont les principes du droit des gens et du droit naturel : respect de l'indépendance, de la nationalité et de la liberté.

D'ailleurs, et la démonstration en a été faite depuis longtemps, pour justifier la première maxime, le navire est la continuation du territoire auquel il appartient ; il porte avec lui une partie de la nationalité. Là où est le drapeau, là est la France, disons-nous avec une légitime fierté ; là où est mon drapeau, là est ma nationalité, peuvent dirent tous les neutres ; là est l'image, la continuation de mon territoire, et mon territoire est inviolable (2).

VII

Objections — Droit romain.

Mais ceux qui n'admettent pas le droit des neutres ne sont pas arrêtés par ces considérations générales, et ils ne dédaignent pas d'aller chercher leurs armes dans le Droit romain.

Il faut, en premier lieu, écarter cette législation et toutes les

(1) M. Hautefeuille, t. 10.

(2) Cependant M. Ortolan, t. 2, ch. V, p. 75, tout en admettant la maxime du pavillon, a écrit ceci :

« Un belligérant peut-il s'emparer des marchandises ennemies chargées sur « un navire neutre ? La réponse est facile si l'on admet qu'un tel navire soit « réellement un lieu neutre, comme s'il faisait partie intégrante du territoire... « Mais un navire est-il la continuation du territoire ? Nous croyons avoir établi « que cette expression figurée n'est toujours réellement admissible dans toute « son étendue qu'à l'égard des navires de guerre, parce que ceux-là seuls représentent l'État.

« A l'égard des navires du commerce, cela signifie qu'aucun État étranger « n'a le droit d'appliquer des lois particulières aux individus qui se trouvent à « bord.... Mais il faut distinguer ce cas de celui où il s'agit de l'application de « lois internationales. »

conséquences qu'on a voulu tirer des lois éparses dans le Digeste et dans le Code. Ces lois ne forment pas un corps de droit international, elles ne règlent que les rapports de citoyen à citoyen, ou tout au plus la position des étrangers sur le sol de l'empire; mais elles n'ont jamais eu, elles n'ont jamais pu avoir la prétention de régler les rapports internationaux, de respecter ou d'anéantir les droits des peuples neutres, puisque la politique romaine, qui a toujours eu une si grande influence sur la législation, ne reconnaissait, en général, que des Romains ou des ennemis. Les principes de la législation civile, particulière, posés pour l'usage exclusif des citoyens d'une nation qui a toujours professé un mépris qu'on pourrait appeler politique contre les étrangers, ne peuvent servir aujourd'hui de bases fixes, pour les droits de nations indépendantes dont l'indépendance et la liberté sont considérées comme nécessaires à l'équilibre du monde.

Dans l'antiquité romaine, il n'y a pas, à proprement parler, de droit international; le *jus gentium*, c'est le *jus naturale* opposé au droit civil. L'étranger est toujours un ennemi; l'étranger et l'ennemi se confondent dans une même appellation : *Adversus hostes, æterna auctoritas esto* (1).

Comment d'ailleurs voir un droit des gens à Rome, au moins pour la question qui nous occupe, quand nous savons que le commerce maritime était désolé par une piraterie continuelle et qu'il fallait des traités spéciaux pour faire cesser cet état permanent et normal d'hostilités maritimes (2)?

Ne savons-nous pas au surplus avec quelle indifférence, avec quel mépris même le commerce en général, mais particulièrement le commerce maritime, étaient traités à Rome? Ce ne sont pas seulement les lois civiles qui nous en fournissent une preuve, ce sont les historiens, ce sont les poëtes, les philosophes, ce sont ces peintres fidèles des mœurs et des habitudes romaines qui nous font toucher du doigt la réprobation dont le commerce était frappé. Que pourront être les prétendues lois internationales maritimes d'un peuple

(1) La déclaration de guerre se formulait ainsi : « Au peuple ennemi, à ses alliés, à ses sujets et à tous ceux qui se trouvaient sur son territoire. » — *Tite Live*, XXXI, 6. — XXXVI, 1.

(2) Rome et Carthage eurent de ces traités; encore furent-ils limités à certaines côtes. — Heeren, *Idées sur la politique et le commerce de l'Antiquité*, t. 4, ch. V.
La piraterie exista toujours, comme un état honorable, dans l'antiquité, surtout chez les Grecs, qui sont nés pirates, dit Montesquieu. A ce sujet, Dion Cassius a pu écrire ceci, XXXVI, 3 : « La piraterie a toujours existé et elle existera toujours, tant que la nature humaine restera la même. »

qui voit dans l'Océan une barrière infranchissable et non pas un lien *social?* Qu'avons-nous à faire de ces lois, quand nous voyons Horace s'écrier :

> Nequidquam Deus abscidit
> Prudens *oceano dissociabili*
> Terras, si tamen impiæ
> Non tangenda rates transiliunt vada (1).

Que pouvons-nous attendre des lois internationales d'un peuple qui a pris pour devise, à l'égard des autres peuples du monde :

> Tu regere imperio populos, Romane, memento. (2)

D'ailleurs les lois qu'on invoque, ou s'appuient sur le droit de nécessité ou ne règlent que des cas particuliers prévus et que les lois intérieures de chaque État ont eu plus tard à prévoir à leur tour : telles sont la loi 14, Dig. *ad legem Rhodiam, de jactu;* la loi 43, Dig. *quod vi aut clam;* la loi 9, D. *ad legem Aquiliam*, etc.

VIII

Publicistes modernes.

Les publicistes se sont partagés sur la question importante du pavillon : les publicistes des XVIIe et XVIIIe siècles ont suivi les principes du *Consulat de la mer ;* ceux, au contraire, qui ont écrit plus

(1) Ode 3, lib. I.
V. aussi Virgile, *Bucol.*, IV, vers 31, 37, 39; Lucrèce, *De naturâ rerum*, v. 1004, etc.
La pensée exprimée par Horace est commune à toute l'antiquité. Platon ne veut pas placer sa République au bord de la mer. Cicéron, *De leg. agrar*, II. 35, déclare que la fourberie et le mensonge sont inséparables des occupations du marchand (V. cependant *De officiis*, I, 42). — En Orient, les idées théocratiques frappèrent également le commerce d'une réprobation complète. Quelques philosophes modernes mal inspirés ont suivi ces tendances. Vauvenargues définit le commerce : « l'école de la tromperie. » « Le commerce, dit-on, rapproche les peuples; oui, comme l'impôt rapproche le percepteur du contribuable. Outre ces sourdes inimitiés dont l'effet, à la longue, est si terrible, le commerce enfante à lui seul plus de guerres que toutes les autres causes de division. » (De Lamennais, *Mélanges religieux et philosophiques*). Herder a éloquemment vengé les nations modernes de ce mépris absurde.

(2) Virgile, *Enéide*, lib. VI; et Cicéron, *Pro domo*, 33.— Dominus regum, victor atque imperator omnium gentium. — V. aussi Pline, *Hist. nat.*, VII, 1.

récemment ont adopté les règles éternelles du droit des gens primitif. N'y a-t-il pas dans ce contraste quelque chose de singulier? N'est-il pas extraordinaire de voir ces règles éternelles, innées dans le cœur de l'homme, et qui sembleraient devoir l'être dans la constitution des nations, rester obscurcies dans l'origine des temps, au milieu même de civilisations avancées, pour ne briller d'un éclat plus vif qu'à mesure que le monde marche et s'éloigne des temps primitifs qui ont vu la promulgation de ses lois s'accomplir dans les consciences humaines? Ce contraste est frappant! Il a fallu des siècles, des siècles de civilisation, pour faire prévaloir des droits qui n'ont fait que sommeiller et qu'on a dû tirer, peu à peu, de la nuit dans laquelle certains intérêts voulaient les plonger.

Examinons le système des publicistes qui ont suivi le *Consulat de la mer* et le Droit romain.

Ce système se résume en trois propositions :

1° Le droit absolu de la guerre; le droit de nuire à l'ennemi par tous les moyens possibles;

2° Le droit d'affaiblir l'ennemi, droit qui découle du premier;

3° Le droit de défense, ou le droit de nécessité qui résume tous les autres et qui conclut à la possibilité de tous les moyens pour vaincre et ne pas être vaincu.

La conclusion de ces trois propositions semblerait être celle-ci : Saisir la marchandise ennemie partout où elle se trouve. « Item « statuendum, dit Heineccius, arbitramus si res hostiles in navibus « amicorum reperiantur. Illas capi posse nemo dubitat, quia hosti « in res hostiles omnia licent, eatenus ut eas *ubicumque* repertas « sibi possit vindicare. » La plupart des auteurs anciens adoptent cette opinion, en la restreignant et en substituant ces mots : *partout où il a le droit de combattre*, à *l'ubicumque* d'Heineccius, et en la basant sur le droit absolu du belligérant mis au-dessus du droit de commercer des neutres qu'ils reconnaissent être non moins absolu. Lampredi, examinant l'opposition de ces deux droits, donne la préférence au droit du belligérant. « Le dommage que la sus« pension du commerce produit pouvant se réparer,... au lieu que « la suspension du droit des belligérants peut donner lieu à des ca« lamités prolongées. » Azuni professe la même opinion : « Dans la « collision des droits qui a lieu entre les belligérants et les neutres, « lorsque les premiers arrêtent les navires des derniers, pour y « saisir la marchandise de l'ennemi, la suspension du droit des « neutres me paraît facile à réparer. — L'atteinte qu'éprouve « leur liberté n'est plus qu'un léger sacrifice qu'ils font à l'extrême

« nécessité de la défense; au lieu qu'on ne peut ni calculer ni fixer « aucune indemnité, pour dédommager les belligérants du mal que « peuvent leur faire les secours que leurs ennemis reçoivent des « neutres, pour prolonger la guerre et multiplier le carnage et la « mort (1). »

« D'ailleurs, ajoute Lampredi, les neutres peuvent, même après « la confiscation, offrir de nouveau leurs services et leurs vaisseaux « à chaque nation belligérante..... et, si on leur paie le fret..... de « quoi peuvent-ils se plaindre?

En somme c'est le droit de nécessité, la loi impérieuse de la nécessité, à qui tout cède, dit Azuni, plus forte que toutes les conventions humaines. Mais, qu'on y fasse attention : si le droit de la nécessité existe pour les belligérants, il existera pour les neutres : d'un côté il protége l'indépendance, la liberté, la fortune présente, la fortune de l'avenir; de l'autre, il est vrai, il couvre les droits de la guerre; de quel côté doit pencher la balance? Du côté où sera l'épée la plus lourde. Mais est-ce là la manière de résoudre une question de droit des gens, en allumant la guerre, par la guerre?

S'il n'y a pas de droit de nécessité, nous retombons en face de l'argument qui consiste à opposer l'un à l'autre les deux droits également absolus des belligérants et des neutres : « Lucrum illi commerciorum sibi perire nolunt... Angli nolunt quid fieri quod contra suam salutem est (2). » Ces droits sont-ils en opposition? lequel des deux doit triompher, celui des neutres, ou celui des Anglais?

Oui, le belligérant a le droit de nuire à son ennemi; mais en exerçant ce droit légitime, il ne doit pas atteindre l'indépendance de la nationalité neutre; il ne peut pas, à son profit, violer le droit de la liberté des mers, et ruiner indirectement les peuples pacifiques, pour compromettre la fortune de l'ennemi. Voilà la limite du droit des belligérants, comme l'exactitude de la neutralité est le corrélatif du droit des neutres. Voilà le devoir à côté du droit! Avec le système de la *collision* des droits (c'est l'expression de Lampredi), on supprime du même coup les droits et les devoirs; on ne pèse pas les droits de l'un et les droits de l'autre, on supprime tout simplement le droit des neutres : car ce droit naissant en même temps que celui du belligérant, si le premier est suspendu, c'est qu'il n'a jamais existé.

(1) Azuni, *Droit maritime de l'Europe*, t. 2, ch. III, art. 2, § 5.

(2) Alb. Gentilis, *De jure belli*.

D'ailleurs lequel des deux droits faudrait-il sacrifier? Est-ce l'indépendance d'une nation, le droit qu'elle a de ne pas se soumettre à la juridiction d'une autre nation, juridiction qui n'existerait qu'en temps de guerre, ou le droit de la guerre qui ne reçoit aucune atteinte de la liberté des neutres, quand il ne s'agit ni de blocus ni de contrebande de guerre? En quoi le salut de la France et de l'Angleterre a-t-il été menacé pendant la guerre d'Orient, parce que les navires américains sont venus à Odessa prendre des blés pour les porter en Italie, par exemple? Le commerce d'Odessa est-il gênant, que le port d'Odessa soit bloqué! Mais jusque-là ce commerce n'empêche pas une nation de gagner des batailles ou une autre de compromettre sa considération militaire.

Ainsi le droit des neutres et le droit des belligérants ne sont pas en opposition, *en collision* : ils existent l'un à côté de l'autre sans se froisser, sans se combattre, parce qu'à côté du droit, il y a le devoir. Mais le neutre viole-t-il ses devoirs, empiète-t-il sur le droit du belligérant, en transportant les marchandises de l'ennemi sur ses navires, en les couvrant, en un mot, de son pavillon? Non, parce que la guerre est, pour le neutre, comme si elle n'existait pas; parce qu'il doit pouvoir se livrer à son commerce, comme en pleine paix, à la condition qu'il ne s'agisse ni de contrebande de guerre, ni de blocus. C'est au contraire le belligérant qui s'écarte de ses devoirs et blesse profondément le droit des neutres, en arrêtant leurs navires en pleine mer, sur ce libre Océan qui n'appartient à personne; c'est le belligérant qui viole tous les droits en s'emparant par force d'un navire qui n'est que la continuation d'un territoire qu'il n'oserait pas violer, pour s'emparer d'une marchandise ennemie.

D'autres jurisconsultes plus modernes, pour la plupart, que ceux dont nous venons de citer l'opinion, ont été d'un avis absolument contraire : ils ont proscrit l'opinion du *Consulat de la mer*, du Droit romain, et préparé le nouveau droit public de l'Europe.

« Les querelles d'autrui m'ôteront-elles la libre disposition de « mes droits, dans la poursuite des mesures que je croirai salutaires « à ma nation? Non, répond Vattel, liv. III, chap. VII, p. 569, « quand la nation neutre donnera des droits égaux à toutes les par- « ties belligérantes,..... quand elle exercera son trafic, sans dessein « de nuire, en le continuant comme s'il n'y avait pas de guerre... « Je suppose, continue Vattel, dans ce que je viens de dire, que « mon ennemi va acheter lui-même dans un pays neutre. Parlons « maintenant d'un autre cas, du commerce que les nations neutres « vont exercer chez mon ennemi. Il est certain que, ne prenant au-

« cune part à ma querelle, elles ne sont pas tenues de renoncer à « leur trafic, pour éviter de fournir à mon ennemi les moyens de me « faire la guerre. Si elles affectaient de ne me vendre aucun article, « en prenant des mesures pour les porter en abondance à mon en- « nemi, dans la vue manifeste de le favoriser, cette partialité les « tirerait de la neutralité. Mais si elles ne font que suivre tout uni- « ment leur commerce, elles ne se déclarent point par là contre mes « intérêts : elles exercent un droit que rien ne les oblige de me « sacrifier.

« D'un autre côté, dès que je suis en guerre avec une nation, « mon salut et ma sûreté demandent que je la prive, autant qu'il « est en mon pouvoir, de tout ce qui peut la mettre en état de me « résister et de me nuire. Ici le droit de nécessité déploie sa force. « Si ce droit m'autorise bien, dans l'occasion, à me saisir de ce qui « appartient à autrui, ne pourra-t-il m'autoriser à arrêter toutes les « choses appartenantes à la guerre que des peuples neutres condui- « sent à mon ennemi?.... Il faut donc distinguer les marchandises « *communes* qui n'ont pas de rapport à la guerre, de celles qui y « servent particulièrement. Le commerce des premières doit être « entièrement libre aux nations neutres; les puissances en guerre « n'ont aucune raison de le leur refuser, d'empêcher le transport « de pareilles marchandises chez l'ennemi : le soin de leur sûreté, « la nécessité de se défendre, ne les y autorisent pas, puisque ces « choses ne rendront pas l'ennemi plus formidable. Entreprendre « d'en interrompre, d'en interdire le commerce, ce serait violer le « droit des nations neutres et leur faire injure; la nécessité, comme « nous venons de le dire, étant la seule raison qui autorise à gêner « leur commerce et leur navigation dans les ports de l'ennemi (1). »

Casaregis, interprétant l'art. 276 du *Consulat de la mer*, faisait une distinction entre les *amis, les alliés, les confédérés* et les simples *neutres* : « Aut merces quæ inveniuntur super navi inimicâ depræ- « data spectant ad omnes subditos, vel vassallos, aut confederatos « cum ipso principe vel rege, sub cujus vexillis navigabat altera « navis quæ dictam navim hostilis rationis deprædavit; et tunc « merces cadunt sub præda..... aut verò merces spectant ad.... « neutrales utriusque nationis : et tunc prædictæ merces non ritè et « rectè possunt deprædari, quia eis non est prohibitum contrahere « cum inimicis alicujus principis vel regis, prout prohibitum est

(1) Vattel, p. 572. — V. aussi la dissertation d'Heineccius, *de Navibus ob vecturam vetitarum mercium commissis*, 1748.

« vassalis et subditis, ac aliis jure pacis aut aliâ lege confederatis : « et in isto secundo casu benè procedit dispositio tam juris civilis « quam consulatûs ablatè tradita. (1) »

Lampredi, qui a soutenu avec force le droit des belligérants contre les neutres, se pose cependant cette question qui semble ruiner tout son système : « Est-il permis aux nations belligérantes, soit sur « leurs côtes, soit en pleine mer, d'arrêter les bâtiments neutres, « d'y chercher les propriétés ennemies et de s'en emparer ? Nous « répondrons que cela leur est permis, pourvu que les patrons ou « capitaines des navires arrêtés soient indemnisés des frais de « chargement et des dommages que le retard peut leur avoir fait « éprouver. »

Cette indemnité accordée au neutre, et que le belligérant sera obligé de lui payer, nous semble détruire toute la doctrine du droit des belligérants ; si une indemnité est nécessaire, c'est donc que le droit de prendre la marchandise n'est pas absolu ! Le principe du droit fléchit et la nécessité devra avoir son salaire ! Cette indemnité, du reste, en ôtant à la nécessité son véritable caractère, en faisant payer un droit qu'on ne doit pas avoir besoin d'acheter, n'empêcherait pas le belligérant de violer l'indépendance de la nationalité neutre, la représentation de son territoire et la liberté de la mer. Le droit d'exécuter ses violations ne s'achète pas ; il se prend par la force ; mais la force n'est pas le droit. D'ailleurs, dit avec beaucoup de raison M. Massé, p. 202 : « Il ne suffit pas, pour réparer le « dommage causé par la saisie des marchandises envoyées en com« mission, de payer au capitaine du navire le fret de ces marchan« dises et une indemnité pour le retard, puisqu'il peut y avoir en « souffrance d'autres intérêts neutres, auxquels il serait impossible « de donner une satisfaction suffisante. Qui ne voit d'ailleurs, en « considérant les choses d'un point de vue moins général et moins « élevé, que le commerce de transport et de commission, comme « tout autre, vit de confiance et de sécurité ! Il n'est donc pas pro« bable que les navires neutres trouvent beaucoup d'expéditeurs, « lorsque ceux-ci auront en perspective l'éventualité d'une capture, « et il est encore moins probable que les expéditeurs seront rassurés « sur leurs intérêts, parce que les intérêts du navire resteront saufs, « au moyen du paiement du fret et d'une indemnité. »

Ce que dit M. Massé est d'autant plus juste que la vraie pensée du belligérant qui s'appuie sur le *Consulat de la mer*, que la vraie

(1) Casaregis, *de Commercio et mercaturâ*; disc. 24, n° 21.

pensée de *certains* belligérants est celle-ci, comme nous avons eu plusieurs fois l'occasion de le faire remarquer : ruiner le commerce des neutres pour en recueillir les épaves ; faire à l'ennemi le plus de mal possible, mais profiter de la circonstance pour faire aux neutres le moins de bien possible. Ils arriveront facilement à ce résultat, en détruisant toute sécurité, toute confiance, en rendant le commerce impossible (1).

Puffendorf n'a pas examiné, dans son grand ouvrage, la question qui nous occupe ; cependant il a émis une opinion implicite dans une lettre que nous reproduisons, parce qu'elle est en même temps un témoignage historique :

« L'ouvrage, monsieur (2), que vous promettez, touchant *la li-*
« *berté de la navigation,* excite ma curiosité. C'est un beau sujet et
« sur lequel *personne, que je sache, n'a encore fait de traité parti-*
« *culier*..... La question est du nombre de celles qui n'ont pas en-
« core été établies sur des fondements clairs et indubitables qui
« puissent faire règle pour tout le monde. — Dans toutes les règles
« qu'on allègue il y a presque toujours quelque chose de fait et
« quelque chose de droit. *Chacun, d'ordinaire, permet ou défend le*
« *commerce maritime des peuples neutres avec ses ennemis, selon*
« *qu'il lui importe d'entretenir amitié avec ces peuples, ou qu'il se*
« *sent de force pour obtenir d'eux ce qu'il souhaite.* Les Anglais
« et les Hollandais peuvent dire, sans absurdité, qu'il leur est permis
« de faire tout le mal qu'ils peuvent aux Français avec qui ils sont
« en guerre ; et, par conséquent, d'employer ce moyen pour les af-
« faiblir, qui consiste à traverser ou empêcher leur commerce :
« qu'il n'est pas juste que les peuples neutres s'enrichissent à leurs
« dépens, et en attirant à eux un commerce interrompu pour l'An-
« gleterre et la Hollande, fournissent à la France des secours pour
« continuer la guerre.... En un mot, qu'on veut bien leur laisser en

(1) Nous ne parlerons pas ici de la prétention souvent élevée par les belligérants de confisquer, à bord des neutres, des marchandises de fabrique ennemie mais appartenant à des propriétaires neutres. Si la première prétention des belligérants peut avoir quelques raisons d'être, celle-ci semble n'avoir pas besoin de réfutation. Cependant elle a longtemps été mise en pratique et nous l'avons vue se traduire en fait, par le blocus continental et les décrets de Berlin et de Milan. Aucun publiciste n'a soutenu cette proposition exorbitante, qui a cependant servi de principe fondamental au droit public que l'Angleterre a créé pour son usage particulier.

(2) Lettre de Puffendorf publiée en 1701 dans un livre édité à Hambourg par Groning. Ce Groning était, dit Grotius, un compilateur de très-mauvais goût, et les exemplaires de sa rapsodie ont servi aux épiciers et aux beurrières ; ils sont par cela même devenus rares. Mais la lettre de Puffendorf est restée.

« son entier le commerce qu'ils ont accoutumé de faire en temps « de paix; mais qu'on ne doit pas souffrir qu'ils l'augmentent à « l'occasion de la guerre, au préjudice des Anglais et des Hollandais. « Mais, comme cette matière du commerce et de la navigation ne « dépend pas tant d'une loi générale que sur les conventions parti- « culières entre les peuples, pour pouvoir porter un jugement solide « sur la question, il faut examiner, avant toutes choses, quels traités « il y a là-dessus entre les rois du *Nord* et l'Angleterre ou la Hol- « lande, et si celles-ci leur ont offert des conditions justes et raison- « nables. D'un autre côté, néanmoins, si les rois du Nord peuvent « maintenir leur commerce avec la France, en faisant escorter les « vaisseaux marchands par des navires de guerre, pourvu qu'il n'y « ait pas de marchandises de contrebande, personne n'y trouvera à « redire..... Mais, comme l'avidité des marchands est si grande, « que, pour le moindre gain, ils ne se font pas scrupule d'aller au- « delà des bornes, les nations qui sont en guerre peuvent faire « visiter les vaisseaux neutres..... »

Puffendorf termine par le vœu de voir réduire dans un *état de médiocrité* cette puissance *insolente* qui menace de mettre toute l'Europe dans ses fers et en même temps de ruiner la puissance protestante.

Bynkershoek, dont nous avons vu l'opinion sauvage pour certains droits du belligérant, professe les principes les plus libéraux, quand il s'agit du droit des neutres : il leur permet même de se livrer à la contrebande de guerre.

« J'appelle non-ennemis ceux qui n'appartiennent à aucune des « puissances belligérantes et ne doivent ni à l'une ni à l'autre au- « cune assistance quelconque en vertu de traités : s'ils en doivent « quelqu'une, ils sont alliés et non simplement amis. A l'égard de « ces neutres, on demande ce qu'il leur est permis de faire ou de « ne pas faire entre les deux belligérants? Tout ce qui leur était « permis, direz-vous peut-être, lorsqu'il y avait paix entre ceux qui « sont en guerre maintenant. La raison, continuerez-vous, peut- « elle admettre que nous prétendions que nos ennemis sont aussi « les ennemis de nos amis? Pourquoi donc nos amis ne porteraient- « ils pas à leurs amis, bien que ceux-ci soient en guerre avec nous, « les choses qu'ils leur portaient auparavant : *des armes, des hom- « mes* et autres objets? Notre utilité sans doute ne l'admet pas; « mais il s'agit de raison et non d'utilité. Serait-ce l'injure, cause « de la guerre, qui le défendrait? Mais vous direz que l'injure ne « dépasse pas la personne de celui qui l'a soufferte, si ce n'est que « l'injure faite au prince rejaillit aussi sur tous ses sujets, mais non

« sur ceux qui ne sont pas ses sujets; et de là il résulterait que l'ennemi de mon ami n'est point mon ennemi, que l'état d'amitié, au contraire, continue à exister entièrement avec lui tel qu'il existait avant la guerre (1). »

Cependant il ajoute plus loin :

« Si je consulte la raison, je ne vois pas pourquoi il ne serait pas permis de capturer les choses de l'ennemi quoique trouvées dans un navire ami; je prends, en effet, un bien qui est à l'ennemi et que le droit de la guerre attribue au vainqueur. Objecterez-vous que je ne puis m'emparer des choses de l'ennemi dans un navire ami qu'en m'emparant d'abord de ce navire... qui est chose d'ami...? Mais veuillez considérer qu'il est permis d'arrêter un navire ami pour examiner ses papiers de bord et constater sa qualité d'ami... Si cela est permis, il sera permis également d'examiner les papiers concernant la cargaison... et de reconnaître par cet examen s'il y a des biens appartenant à l'ennemi; et, s'il en existe, pourquoi ne pourrai-je pas les capturer en vertu du droit de la guerre (2)? »

« L'objection porte à faux, dit M. Massé. Un bâtiment neutre n'est un lieu neutre qu'à la condition de rester neutre, et de ne prendre aucune part à la guerre. C'est pourquoi les vaisseaux belligérants qui rencontrent un bâtiment portant pavillon neutre ont le droit de vérifier sa nationalité par l'examen de ses papiers de mer; c'est pourquoi encore, lorsque cette nationalité est établie, ils ont de plus le droit de vérifier s'il n'abuse pas de son pavillon pour faire un commerce non neutre, c'est-à-dire pour transporter aux ennemis de la contrebande de guerre. Dans l'un comme dans l'autre cas, le belligérant exerce un droit nécessaire qui a pour but de vérifier la neutralité apparente et effective.....
« Mais il est certain que ces droits des belligérants, qui prennent leur source dans l'incertitude ou la violation de la neutralité, [illegible]nt lorsque cette neutralité est certaine, lorsqu'elle n'est pas [illegible] (3) »

(1) Bynkershoek, lib. I, cap. 9.

(2) Bynkershoek, lib. I, cap. 14.

(3) T. 1, n° 262.

IX

A côté des arguments généraux qui ont servi à tous les publicistes, il convient de dire quelques mots de ceux de Jenkinson, devenu lord Liverpool, après avoir été ministre de la guerre de S. M. Britannique. Ce ministre, qui a eu souvent l'occasion de mettre en pratique la doctrine de son pays, en a publié l'apologie en 1758.

Lord Liverpool compare les nations à l'homme, avant la société ; « il les réduit à l'état de nature. Or, dans cet état, l'homme (ou la nation) aurait eu le droit de protéger sa propre personne et sa propriété contre toute attaque. Mais si je suis en contestation avec un autre, aura-t-il le droit de le protéger contre moi? Certainement non, puisqu'il me priverait par là d'un droit que la loi de nature, pour ma propre sûreté, me donne dans ce cas, de saisir la propriété de mon ennemi et de détruire sa personne. » Pour répondre victorieusement à lord Liverpool, il faut se demander dans quel lieu s'exerce la protection que donne le neutre, l'homme pacifique, même réduit à l'état de nature : si la protection s'accorde chez le neutre avec la propriété du neutre, s'il transporte les effets de l'un des ennemis, et s'il est rencontré par le belligérant en dehors du territoire de cet ennemi, pourra-t-il être arrêté? Oui, d'après Jenkinson, parce que ce publiciste suppose qu'il y a protection effective, immixtion dans les hostilités : non, d'après la loi primitive, et quand la question se pose dans le cas d'une exacte neutralité, parce qu'autrement l'indépendance du neutre, l'indépendance de l'homme à l'état d'individualité serait compromise, et que l'un des belligérants aurait le droit d'aller violer son territoire, ou un territoire n'appartenant à personne sur lequel le neutre a le droit d'aller et de venir, en toute sécurité. La question, posée comme elle doit l'être, ne résiste pas au raisonnement, si l'indépendance des nations n'est pas un vain mot, si la liberté des mers, c'est-à-dire si la liberté du *territoire* qui n'appartient à personne doit être respectée. M. de Rayneval a consacré toute une partie de son ouvrage *de la liberté des mers*, à réfuter l'opinion de lord Liverpool ; il établit que l'homme pacifique peut protéger même la personne de l'un des combattants, en lui donnant asile dans sa cabane ; il refuse à l'ennemi le droit de pénétrer dans cet asile, et il s'appuie, comme tous les publicistes, sur la liberté de la mer et la *territorialité* du navire.

Un auteur plus moderne, Reddie, a essayé une justification du système anglais : « Le système contraire à l'Angleterre, dit-il, n'est pas vieux, il ne date que de la fin du XVIIe siècle : les traités spéciaux qui l'ont admis ne peuvent fonder un système général, universel, un code de droit naturel. — Les deux maximes sont incompatibles avec les principes vrais, parce qu'elles attribuent le caractère de la propriété à une possession temporaire basée sur le transport. — La protection accordée par le neutre a pour effet d'interdire à une nation l'usage des moyens qu'elle a de contraindre son ennemi à lui faire justice ; et cependant le droit le moins nécessaire doit céder au plus éminent. — N'est-ce pas, d'ailleurs, une fiction que ce droit du pavillon, et les fictions peuvent-elles servir de base aux principes du droit naturel ? Et Reddie ne manque pas de mettre les deux maximes en opposition et de taxer tout le système d'illogisme. Il est, du reste, tout à fait Anglais, et la question commerciale n'est pas par lui sacrifiée ; il a peur que les neutres n'obtiennent tous les avantages et ne succèdent au commerce des belligérants. C'est l'idée dominante de la politique anglaise jusqu'au Congrès de Paris, et il faut espérer que Reddie aura été le dernier des publicistes anglais à marcher sur les traces de Selden et de lord Liverpool.

Tels sont les arguments dont on appuie le système qui se formule par la maxime du pavillon (1) ; telles sont les objections par lesquelles on le combat : ces objections, qui n'ont régné que trop longtemps sur le droit des gens européen, doivent tomber devant les principes que nous avons posés. Si la mer est libre, si elle n'appartient à personne, si aucune nation ne peut établir sur la mer une domination même momentanée, le commerce d'une nation libre aussi et indépendante devra être libre sur cet élément libre. Cette indépendance nationale qui ne saurait être violée sur terre, ne le sera pas sur mer, parce que le vaisseau est l'image, la représentation, la continuation du territoire ; cette indépendance ne sera pas violée, parce que la guerre n'existe pas pour le neutre, et qu'il doit continuer son commerce comme il le faisait avant les hostilités.

(1) V. aussi Pattyn, *le Commerce maritime fondé sur le droit de la nature*. Malines, 17?7. — Behmer, Hambourg, 1771 ; *Observations du droit de la nature et des gens, touchant la capture des vaisseaux neutres*. — Totze, *la Liberté de la navigation touchant le commerce des neutres*, Amsterdam et Londres, 1780.

X

Seconde maxime : la Marchandise neutre n'est pas saisissable sous pavillon ennemi.

La seconde maxime ne demande pas de longs développements; le *Consulat de la mer* protégeait ici complétement les neutres (1), et nous avons fait remarquer qu'il était logique, au moins en apparence, et qu'il partait d'un principe unique : l'origine de la propriété, pour en tirer une conséquence unique. Les publicistes sont arrivés à la même conclusion par des voies différentes. Tous proclament, en ce second point, les principes du *Consulat de la mer*, et ceux-là mêmes qui avaient soutenu, dans la discussion de la première maxime, le droit contraire aux neutres, sont arrivés par la force de la logique à déclarer que la cargaison neutre était sauve sur le navire ennemi qui n'avait pas le pouvoir de lui communiquer son hostilité.

Bynkershoek s'exprime ainsi :

« . . . . Pourquoi ne me sera-t-il pas permis de faire usage du navire de mon ami pour transporter mes marchandises, quoiqu'il soit ton ennemi? Si les traités ne s'y opposent, il m'est permis, ainsi que je le disais ci-dessus, de faire le commerce avec ton ennemi.... .... Par conséquent, si j'ai pris à fret son navire, pour faire transporter ma marchandise, j'ai fait une chose à bon droit permise. Tu peux, en tant qu'ennemi, t'emparer de son navire; mais de quel droit t'emparerais-tu de mes marchandises, puisque je suis ton ami?... Cape, si potes, continue-t-il, quodcumque est hostis tui, sed « mihi redde quod meum est, quia amicus tuus sum, et impositione « rerum mearum nihil sum molitus in necem tuam » (2).

Grotius professait la même doctrine : « Pour ce qui est des choses « qui n'appartiennent pas aux ennemis, quoiqu'elles se trouvent « chez eux, ceux qui les ont prises n'en acquièrent pas la propriété :

(1) *Le Consulat de la mer* disait : « Si le navire appartient à des ennemis et sa cargaison à des amis, les marchands qui s'y trouvent et à qui la cargaison appartiendra en tout ou en partie doivent s'entendre avec l'amiral, pour racheter à un prix convenable et comme ils le pourront le navire qui est de bonne prise, et il doit leur offrir une composition ou perte raisonnable, sans leur faire supporter aucune injustice. » — Pardessus, t. 2, p. 303. — V. notre § historique.

(2) Bynkershoek, lib. I, cap. 13.

« Cela n'est ni conforme au droit naturel, ni établi par le droit des « gens (1)......

« ...... Il est clair, continue Grotius, que, pour pouvoir s'ap- « proprier une chose par droit de guerre, il faut qu'elle appartienne « à l'ennemi. Car celles qui appartiennent à des gens qui ne sont « ni ses sujets, ni animés du même esprit que lui contre nous, ne « sauraient être acquises par droit de guerre, encore même qu'elles « se trouvent sur les terres de l'ennemi, comme dans l'enceinte de « ses villes et autres lieux dont il est maître. En effet, il n'y a « aucune raison qui autorise à prendre les biens de ceux qui ne sont « pas du parti de notre ennemi, sous prétexte qu'ils se trouvent « dans son pays; et le changement de maître qui se fait par la voie « de la force est trop odieux pour souffrir quelque extension. »

Cependant Grotius mettait une restriction à son opinion. Elle n'est point admise par Bynkershoek :

« Les vaisseaux appartenant à des amis ne sont pas non plus de « bonne prise, à cause des effets de l'ennemi qui s'y trouvent, à « moins qu'ils n'y aient été mis avec le consentement des maîtres « du vaisseau (2). »

Bynkershoek, lib. 1, cap. XIV, « rejette le cas du consentement « de l'armateur, et il admet simplement les ordonnances. » Valin rejette aussi la distinction de Grotius.... « Si elle était admise, dit- « il, elle fournirait aux maîtres une excuse à l'aide de laquelle ils « ne manqueraient pas d'éluder la confiscation du vaisseau et de la « cargaison. »

Voët avait dit de son côté :

« Quod si in navi hostili captâ inveniantur res quædam ad eos « pertinentes qui hostes non sunt, naturali ratione non possunt jure « belli acquiri capientibus, quibuscum rerum talium dominis bellum « non est (3). »

« Puisque ce n'est point le lieu où une chose se trouve qui décide « de la nature de cette chose-là, dit Vattel, mais la qualité de la « personne à qui elle appartient, les choses appartenant à des per-

(1) Grotius, § XXVI. M. Hautefeuille ne veut pas que Grotius ait aperçu la question du droit des neutres. Il ne la résout pas en effet d'une manière explicite : il ne l'a pas posée catégoriquement, mais s'il est permis de se servir du témoignage de Grotius, on ne peut le faire que dans le sens du droit des gens primitif et vrai.

(2) Grotius, liv. III, ch. VI. Édit. Barbeyrac, p. 799. — V. Dig., lib. 19, tit. 4, *de Publicanis et vectigalibus*, liv. II, § 2 : « Dominus navis. »

(3) Voet ad Pandectas ; tit. de Captivis, n° 5.

« sonnes neutres qui se trouvent en pays ennemi, ou sur des vais-
« seaux ennemis, doivent être distinguées de celles qui appartien-
« nent à l'ennemi. Mais c'est au propriétaire de prouver clairement
« qu'elles sont à lui ; car, au défaut de cette preuve, on présume
« naturellement qu'une chose appartient à la nation chez qui elle
« se trouve (1). »

« L'équité et les lois d'un bon gouvernement, dit Azuni, ne « doivent pas permettre qu'un sujet ou un allié, en temps de guerre, « favorise le commerce des marchandises prohibées. Cette raison « de sûreté publique ne pouvant avoir lieu vis-à-vis d'une nation « qui se trouve dans un état de neutralité parfaite à l'égard des « puissances belligérantes, ce serait une injustice manifeste que de « soumettre à confiscation des marchandises trouvées à bord d'une « prise ennemie. Quelque extension que l'on veuille donner aux droits « de la guerre, ils ne pourront jamais servir à justifier la violation « des droits naturels d'un État neutre et pacifique, qui tend, par « des moyens licites, à sa prospérité ; attendu qu'il est de principe, « dans la jurisprudence universelle, que quiconque use d'un droit « qui lui est légitimement dû, n'est jamais responsable des consé- « quences qui peuvent naturellement en provenir (2). »

Puis il ajoute : « On doit conclure de ces principes fondamentaux qu'on ne peut, d'aucune manière, empêcher un peuple neutre de se servir des vaisseaux d'une des puissances belligérantes pour continuer par ce moyen le commerce qu'il faisait avant la guerre, ni lui faire perdre ses marchandises, si le navire qui les transporte vient à être pris (3). »

Quelques jurisconsultes, comme on le voit, admettent le principe du *Consulat de la mer*, les conséquences de la propriété. Le véritable principe qui doit servir de sauvegarde aux neutres n'est pas cependant dans la logique du *Consulat*, car il nous conduirait à la confiscation de la marchandise ennemie dans le navire neutre : ce principe est, comme celui du pavillon, tout entier dans la nécessité de la liberté des mers, de la liberté du commerce, et de l'indépendance des nations; il est dans le droit qu'ont toutes les nations qui ne prennent pas de part à la guerre de continuer leur commerce, comme

(1) Vattel, p. 540.

(2) Azuni, *Droit maritime de l'Europe*, t. 2, p. 332.

(3) V. Hubner, *de la Saisie des bâtiments neutres*, t. 1, part. 1, ch. I, § VIII. — Massé, t. 1, n° 271. — V. aussi Casaregis, Heineccius, Lampredi, Azuni, Rayneval, etc., et Leibnitz, *Préface de la Collection des traités*.

si la guerre n'existait pas; il est dans l'obligation pour les nations de se soumettre aux lois de la sociabilité, afin de pouvoir commercer ensemble, de la façon dont elles le jugent à propos. (V. Hubner.)

XI

Les marchandises neutres seront donc sauves sur les navires ennemis, comme les marchandises ennemies sur les navires neutres; mais il va devenir nécessaire de prouver l'origine de ces marchandises, de certifier leur propriété et de montrer la nationalité du navire. Cette question se lie essentiellement au *droit de visite*, dont l'examen approfondi nous mènerait trop loin.

Il faut savoir cependant comment les négociants neutres pourront revendiquer leurs marchandises, quand elles se trouveront à bord d'un navire ennemi capturé par un corsaire ou par un croiseur de l'État, et comment un navire attestera la nationalité de son pavillon. « On a pensé un peu tard, en France, dit Valin, art. XI, p. 265, à « se précautionner contre les moyens que trouvaient les ennemis de « continuer leur commerce, comme en pleine paix, à la faveur du « pavillon et des passeports des puissances neutres, dont ils abu- « saient, soit à leur insu, soit par collusion ou intelligence secrète. « Le Royaume en a souvent essuyé de grandes pertes et ce n'est « guère que depuis qu'on y a reconnu de quelle importance est le « commerce dans un état, qu'on y a songé sérieusement à régler les « conditions sous lesquelles les sujets des princes neutres pourraient « commercer avec nos ennemis, et à les assujettir à des formalités « capables de garantir la sincérité de leurs dispositions à observer » la neutralité. »

Ces formalités ont été en France, l'objet de nombreux règlements, de nombreuses lois, elles ont fait naître une bonne partie des questions agitées devant le Conseil des Prises (1).

C'est l'authenticité des pièces qui fait la base du droit invoqué par le négociant neutre : et d'abord des pièces écrites sont nécessaires; il faudra qu'on trouve, à bord, des papiers, à moins cependant que la puissance à qui appartient le navire ait l'habitude de faire

(1) V. l'Ord. de 1744, celle de 1778, l'art. 3 de la loi du 2 prairial an XI, un Arrêt du Conseil du 26 oct. 1692, etc.

voyager ses navires sans papiers (1); car, avant tout, il faut, en cette matière, comme en matière de droit civil, se soumettre à la règle *Locus regit actum*.

Ces papiers devront être authentiques, réguliers, appartenant bien au navire capturé. Ce seront : les *congés* ou *passeports* émanés de l'autorité publique qui autorise un navire à partir de tel port, pour aller dans tel autre; — le *connaissement*, c'est-à-dire l'acte sous signature privée contenant la déclaration des marchandises, leur destination, le nom des chargeurs, etc.; — le *manifeste* ou l'état de chargement du navire avec l'indication de la nature de la cargaison; la charte-partie; le rôle de l'équipage; etc.

La visite de ces pièces devrait constituer seule ce qu'on appelle le droit de visite, et cette visite ne devrait être exercée qu'à portée de canon et par des officiers amenés sur le navire visité par un canot non armé (2).

XII

Histoire du droit des neutres.

Il est impossible de faire ici une histoire complète du *droit de visite* et du *blocus effectif*, mais il nous a semblé qu'on ne comprendrait pas complètement l'importance des maximes qui contiennent le droit des neutres, si nous ne disions pas quelques mots de leur origine, de leur histoire, des vicissitudes nombreuses dont cette partie du droit des gens a été l'objet et des obstacles que son développement a rencontrés. Les maximes dont nous proposons l'adoption découlent des vrais principes du droit des gens; c'est le droit primitif, inné, tel que le divin législateur l'a gravé dans les consciences humaines; il faut nécessairement savoir dans quel intérêt et par quels efforts on a rejeté ce droit primitif, et aussi par quels efforts contraires on l'a fait triompher, d'une manière uniforme et définitive sans doute, au milieu du IXe siècle.

Dans l'antiquité, le droit international maritime n'a jamais eu de

(1) Comme dans l'affaire de la *Mansoure* et du *Rouge*, navires tunisiens pris par le brick français *le Nisus*, sur les côtes d'Alger : Conseil d'État, 30 décembre 1828.

(2) Les développements que nous avons été obligé de donner à l'institution des corsaires et aux maximes des neutres, ne nous permettent pas de nous étendre sur le *droit de visite* et sur les autres parties du droit international maritime : nous laissons ce soin à la Commission.

formules précises et de lois bien fixes. Les Grecs dédaignaient trop les autres peuples, *les barbares*, pour avoir avec eux d'autres relations que la guerre. Nous savons seulement que les Grecs, en dehors de la piraterie, pratiquaient ce que nous appelons la course, et que le commerce avec l'ennemi était interdit (1).

A Rome, les notions de droit international, pour être plus étendues qu'en Grèce, ne sont pas plus précises, surtout en ce qui concerne la neutralité. Quand Rome eut des jurisconsultes, *des publicistes*, Rome était partout, jusqu'aux limites du monde connu, et les nations qu'elle avait laissées debout, comme les témoins de ses victoires et de sa domination, pouvaient difficilement garder la neutralité, à côté d'un voisin si puissant qui ne cherchait qu'un prétexte de conquête. Aussi ne trouvons-nous dans les recueils, si bien remplis d'ailleurs, du droit romain aucun principe certain de droit international maritime.

Mais, à la chute de l'empire romain, quand les envahisseurs eurent choisi leurs places sur le sol de l'Europe, les nations se formèrent, et d'autres guerres désolèrent le monde sur les ruines de l'empire vaincu : il fallait régler les droits et les devoirs de la guerre; dans le droit romain que les barbares s'assimilèrent, ils ne trouvèrent presque aucun secours ; cependant les règles internationales devenaient nécessaires, parce qu'au lieu d'une seule domination, l'équilibre de toutes les nations commençait à se former. Les lois de cet équilibre, mises à la place de la loi du plus fort, sont, dans l'Europe du moyen âge, au moment de la renaissance des études de droit, les premières lueurs du droit international. Ce n'est qu'un peu plus tard, quand le commerce maritime eut noué des relations commerciales étendues, quand Gênes, Pise, Venise, et quelques villes d'Espagne eurent acquis l'ancienne splendeur de Tyr et de Carthage, que le droit international perça les épaisses ténèbres qui avaient menacé d'obscurcir toutes les notions du juste et de l'injuste.

Les principes de ce droit furent formulés par l'expérience des peuples; ils se gravèrent dans leur esprit, s'établirent comme des coutumes et furent longtemps pratiqués, avant de venir se fondre dans la première compilation connue, le *Consulat de la mer* (Consolato del mare), originaire selon toute probabilité de Barcelone, et à l'apparition de laquelle il est difficile d'assigner une époque précise. Le savant M. Pardessus se borne à dire qu'elle n'est pas postérieure à 1400. Il n'ose pas admettre avec d'autres auteurs qu'elle remonte

(1) V. p. 55 et la note.

au XIe siècle. C'est la course, ce sont les prises maritimes dont la nécessité s'est fait sentir à toutes les époques, qui ont donné lieu à la plupart des dispositions du *Consulat* et particulièrement aux droits des neutres.

Pendant le moyen âge, la course ne fut la plupart du temps qu'une piraterie, sans règles et sans principes. Les pirates ne se contentaient pas de piller les ennemis, ils pillaient leurs propres concitoyens. Au milieu de ce désordre, dit M. Pardessus, il s'introduisit une espèce de droit public. On avait des ennemis, on cherchait à leur nuire, en s'emparant de leurs propriétés. On avait des amis, on reconnut qu'il fallait protéger leur navigation. Des puissances étaient neutres; un acte d'hostilité pouvant les rendre ennemies, leurs navires devaient être respectés. Mais l'amour du gain portait quelquefois les neutres et même les amis à se charger des marchandises que les sujets d'une des puissances belligérantes craignaient d'exposer à la prise. Souvent aussi des sujets d'une puissance amie ou neutre chargeaient leurs marchandises sur les navires d'une puissance belligérante. Pour concilier le droit de la guerre contre l'ennemi avec le respect dû aux amis et aux neutres, on adopta la règle que le navire ennemi ne donnait pas lieu à la prise des marchandises amies ou neutres qui s'y trouvaient, et réciproquement que la marchandise ennemie était de bonne prise quoiqu'elle fût trouvée sur un navire ami. C'est le système des XIIe et XIIIe siècles. Un exemple fort remarquable prouve même que ce principe était reconnu par les souverains mahométans, lorsqu'ils étaient en paix avec les chrétiens. En 1164, les Pisans, qui faisaient la guerre aux Génois, prirent sur un navire sarrazin un chargement d'alun, qu'ils prétendaient appartenir à leurs ennemis; le sultan réclama, non contre la violation de son pavillon (le droit de visite était admis), mais en déclarant que l'alun n'était pas une propriété génoise et qu'il appartenait à un de ses sujets. *Pise reconnut la vérité du fait et donna la satisfaction demandée.*

Ainsi, au moyen âge, la maxime *le pavillon couvre la marchandise* n'est pas admise : c'est ce qu'attestent le *Consulat de la mer* et plusieurs traités dont on a connaissance (1).

Du reste le *Consulat de la mer* ne s'explique que sur les deux points

(1) 1221, Traité entre la ville de Pise et la ville d'Arles :
1353, Traités entre Édouard III et les villes de Biscaye et de Castille;
1351, Traités d'Édouard III avec les villes de Portugal.
V. *Droit maritime de Gênes*, ch. LXVI. De parte quam habent capientes lignum inimicorum. Pard., IV, p. 504.

qui avaient dû faire difficulté lors de sa rédaction : la propriété ennemie trouvée sur des navires neutres ; la propriété neutre trouvée sur des navires ennemis. Il n'a aucun égard à la nationalité du navire ou du pavillon, mais seulement à la propriété des marchandises. Tel est le droit de ces temps à demi barbares, encore trop imprégnés des principes du droit civil romain dont l'influence se manifesta partout, dans le droit ecclésiastique comme dans le droit public, après la découverte des Pandectes (XIIe siècle). Cette rigueur se comprend du reste facilement quand on songe à l'énorme extension des droits de la guerre au moyen âge.

Toutefois, et il est bon de le remarquer, les règles du *Consulat de la mer* ne furent pas admises comme loi générale, mais elles passèrent bien vite dans les traités que les souverains conclurent avec leurs voisins.

L'Angleterre fut la première nation maritime de l'Europe à le mettre en pratique (1) : c'est là son vrai, son seul Code maritime ; et, si elle n'a pas pu le faire prévaloir et l'imposer toujours à ses alliés et à ses ennemis, elle a défendu ce droit barbare, ce droit du XIIe siècle avec une énergie qui n'a été égalée que par ses audacieuses entreprises pour l'aggraver : elle a voulu tenir l'Europe et le monde enchaînés à ce vieux droit du moyen âge, qu'elle ne respecte que parce qu'il fait sa force, au détriment de toutes les nations. L'histoire du droit maritime moderne n'est que l'histoire de la démolition des principes du *Consulat* défendus et protégés par l'Angleterre : c'est contre ce vieux droit que les nations vont se liguer et combattre ; c'est pour sa défense, c'est pour en protéger les lambeaux, quand les siècles et les progrès des mœurs l'auront déchiré, que l'Angleterre va devenir la dominatrice impitoyable des mers et chercher dans l'audace un refuge pour ses forfaits évidents : *Flagitiis manifestis auxilium ab audaciâ petendum.* (Tacite, *Annales*, XI, 26.)

Pendant deux siècles, la France a suivi sa rivale dans cette voie funeste : elle a adopté les principes du *Consulat*, en les aggravant. Mais, disons-le bien vite, quand le droit public de l'Europe eut reconnu que ses vieux principes n'étaient faits que pour l'injustice protégée par la force, la France s'est placée à la tête du mouvement

(1) 1400, Traité entre le roi d'Angleterre et le duc de Bourgogne, renouvelé en 1417, 1420, 1478. « Les marchands, maistres de niefs et mariniers dudit pays de Flandres ou demeurant en Flandres, ne amèneront, par fraude, ne couleur quelconque aucuns biens ou marchandises des ennemis des Anglais, par mer ; et en cas qu'ils en seront demandés par aucuns écumeurs ou autres gens de la partie d'Angleterre, ils en feront bonne et juste confession. » — Autre traité de 1460 entre l'Angleterre et Gênes.

qui dirigeait l'Europe, et elle n'a jamais été plus puissante sur mer, elle n'a jamais fait éclater aussi hautement les jalousies de l'Angleterre, que quand elle a posé les principes tutélaires et justes du droit des neutres et forcé l'Angleterre à les inscrire sur son drapeau.

Ainsi le *Consulat de la mer* décidait que la propriété ennemie pouvait être saisie et confisquée sur les navires neutres; mais il s'arrêtait là et laissait libres le navire et le reste du chargement.

Les Anglais voulurent aggraver les règles déjà fort dures du *Consulat* et confisquer du même coup la marchandise ennemie, le navire neutre qui la portait et les marchandises neutres formant le complément du chargement (1). Selon eux, la marchandise ennemie communiquait son *hostilité* au navire. Les autres nations de l'Europe durent user de représailles, et l'édit français de 1543 (Édict sur le faict de l'admirauté, art. 42, reproduit par l'édit de 1584), mit la France sur le pied de l'égalité avec l'Angleterre:

« Voulons et ordonnons que si les navires de nos dits sujets font, « en temps de guerre, prises par mer d'aucuns navires appartenant « à nos autres sujets ou à nos alliés confédérés ou amis, ès quels il « y ait biens, marchandises ou gens de nos ennemis, ou bien aussi « navires de nos ennemis ès quels il y ait personnes, marchandises « ou biens de nos sujets confédérés ou alliés, que le navire soit dé- « claré de bonne prise, et dès à présent, comme pour lors, nous « avons aussi déclaré et déclarons par ces présentes, comme si le « tout appartenait à nos ennemis. » (2).

Les dispositions de ces édits, pas plus que celles du *Consulat*, ne faisaient sans doute pas la loi de l'Europe; mais en venant souvent se refléter dans les traités, elles eurent une funeste influence sur les progrès du droit des gens. Au milieu des guerres que suscitèrent les découvertes du XVe siècle, ce droit fut encore, s'il est possible, replongé dans les ténèbres de la barbarie. Il n'y avait, sur mer, qu'une seule loi, la loi du plus fort: ennemis, neutres et amis devaient baisser pavillon devant son inflexible pouvoir. Et puis, comme nous l'avons fait remarquer et comme l'histoire le prouve, les principes du *Consulat*, de la façon dont les interprétait l'Angleterre, ne servaient pas seulement à protéger ceux qui cherchaient à les faire pré-

(1) Montesquieu a proclamé les principes vrais et les a revendiqués au profit de l'Angleterre, en méconnaissant les faits qui leur portent une si grave atteinte. « La grande Charte des Anglais, dit-il, défend de saisir et de confisquer, en cas de guerre, les marchandises des négociants étrangers, à moins que ce ne soit par représailles. Il est beau que la nation anglaise ait fait de cela un des articles de sa liberté. »

(2) Pardessus, t. 4, p. 316.

valoir. Sous ce système de protection inutile se cachaient d'autres idées : la ruine et l'anéantissement du commerce et de la marine des neutres. Heureusement que les devoirs impérieux de la guerre détournaient souvent les nations puissantes du rôle intéressé qu'elles avaient assigné à leurs forces de mer et que, pendant la guerre, les neutres avaient doublé leur marine et leurs relations commerciales qui s'augmentaient de toutes celles que les hostilités venaient de briser. Les neutres devenaient, au détriment des belligérants, les facteurs, les commissionnaires du commerce; ils s'élevaient, à l'ombre des hostilités, sur la ruine des nations assez puissantes et assez riches pour risquer leur marine dans un combat et leur commerce dans les longueurs de la guerre. C'est ce que l'Angleterre ne voulait pas : elle aurait voulu à la fois ruiner ses ennemis, mais au détriment des neutres empêcher les neutres de s'enrichir; et de développer leur commerce pour accaparer les relations commerciales de ses amis et de ses ennemis. « De là une question difficile à résoudre, dit Alberico Gentilis, les neutres réclamant en leur faveur la liberté du commerce, *les Anglais s'appuyant sur l'équité.* »

Aux XVe et XVIe siècles, les principes du *Consulat de la mer* règnent sans partage.

Néanmoins, l'Angleterre qui avait imposé à son publiciste Selden l'obligation d'écrire son traité intitulé *Mare clausum*, l'Angleterre qui fit persécuter Grotius, n'obtint pas de tous les publicistes de l'Europe une abnégation complète : ses maximes furent discutées, et, quoique Grotius n'ait pas donné dans son grand ouvrage un développement mérité au droit des neutres, sa doctrine n'est pas en ce point conforme au *Consulat de la mer* (1). Grotius eut de nombreux disciples; il eut, en France, un traducteur, un vulgarisateur, Barbeyrac, qui put dédier sa traduction à un roi d'Angleterre comme l'original avait été dédié à Louis XIII.

Nous n'exposerons pas de nouveau la doctrine de Grotius : nous avons cité plusieurs passages de son grand ouvrage; il reconnaît, implicitement au moins, le droit des neutres. Sa doctrine de la liberté des mers eut une immense influence sur les destinées et les progrès du droit des gens.

XIII

Du reste l'histoire doit enregistrer un témoignage précieux sur la doctrine et les pratiques des Anglais pendant le XVIe siècle et le com-

(1) V. p. 105.

mencement du XVIIe : il prouve que Montesquieu faisait à la grande Charte un honneur immérité. Ce n'est pas seulement le *Consulat de la mer* qui faisait la loi de l'Angleterre, c'est l'aggravation que les rois de France avaient été obligés d'apporter au *Consulat* par les édits de 1543 et de 1584.

Le maréchal de Bassompierre fut envoyé à Londres, en 1626, pour demander à Charles Ier l'exécution de quelques clauses de son contrat de mariage avec Henriette de France. Les négociations de Bassompierre nous révèlent quelle est la pensée de l'Angleterre relativement au droit des neutres. « Nous avons icy douze ou treizes « navires françois que les Anglois ont pris en divers endroits de la « mer et les ont amenez en leurs ports. C'est une des affaires qui « me met le plus en peine..... » (1).

Les négociateurs anglais posaient les règles suivantes :

« . . . . . Que c'est une coutume usitée et pratiquée. . . . . Qu'il « est défendu par exprès aux marchands trafiquans originaires des « Princes neutres, de ne prester leur nom ny intervention, pour « faire porter, débiter ou vendre. . . . . aux autres marchands des « pays guerroyants leurs marchandises et denrées, *ny de les mêler « avec les leurs, sur peine, non seulement de confiscation desdites « marchandises ennemies, mais aussi de celles qui leur appartien- « dront et de leurs navires et équipages.*

« Et, au cas que les marchands des pays neutraux trafiquent de « leurs marchandises, sur les vaisseaux guerroyants, si lesdits na- « vires sont pris, lesdites marchandises sont tenues et déclarées « de bonne prise et confisquées sur lesdits marchands des pays « neutraux. »

Voilà le système anglais : c'est le système de représailles de l'ordonnance de 1543, dans toute sa rigueur et avant qu'elle eût subi l'interprétation de Cleyrac.

Le maréchal de Bassompierre répliquait, au nom de la France :

« Le maréchal de Bassompierre convient que les marchands des « pays neutres ne doivent porter dans leurs navires, ny faire passer « sous leur nom et advœu les denrées des marchands du pays « guerroyant ; *mais il déclare que les vaisseaux desdits marchands « neutres et les marchandises qui véritablement leur appartiennent « ne sont pas pour cela confiscables, ains seulement les étrangères « qu'ils auront avouées.*

(1) *Lettre du maréchal*, 8 nov. 1626. « Négociation du maréchal de Bassompierre, envoyé extraordinaire en Angleterre de la part du Roi des très-chrestiens, l'an 1626. »

« Il consent, comme chose raisonnable, que les vaisseaux confis-
« cables rendent les marchandises confiscables. »

Cependant, un auteur anglais moderne, Reddie, a donné un tout autre sens aux prétentions de son pays, pour l'époque dont parle Bassompierre. Voici comment, dans l'examen fort étendu auquel il se livre de la doctrine de chaque puissance, en matière de droit international maritime, il analyse le système de la Grande-Bretagne :

« L'Angleterre, au XVIe siècle, paraît avoir continué d'observer les « mêmes règles et les mêmes usages que ceux qu'elle avait suivis « durant les trois siècles précédents.... capturant à la mer les mar- « chandises ennemies quoique chargées sur les navires neutres, et « aussi les munitions navales ou la contrebande de guerre, quoi- « que appartenant à des neutres; mais laissant passer librement les « autres marchandises neutres innocentes, quoique à bord de navires « ennemis.

« Vers la fin du XVIe siècle, la reine Elisabeth eut à soutenir deux « discussions, l'une avec les Hollandais en 1575, l'autre avec les « villes de la Hanse-Teutonique en 1598. La question avec les Hol- « landais était de savoir si les navires neutres anglais devaient être « confisqués pour le fait d'avoir à bord des propriétés appartenant « aux ennemis..... La question fut décidée conformément à la règle « ordinaire, par la confiscation des biens de l'ennemi et par la res- « titution des navires neutres conquis.

« Le mode suivi par l'Angleterre dans le cours du XVIIe siècle, « pour l'administration de la loi maritime internationale, ne parait « pas avoir différé matériellement du mode suivi par les nations « continentales, exception faite toujours de la pratique la plus sé- « vère suivie en Espagne et en France, consistant à confisquer les « propriétés neutres à bord des navires ennemis et les navires « neutres transportant des propriétés ennemies. Au commencement « du même siècle, il y eut une longue conférence entre des com- « missaires nommés par Elisabeth et par Henri IV ; mais la discus- « sion n'amena aucun arrangement. »

Cette discussion n'amena en effet aucun résultat, et ne fait pas connaître d'une manière exacte et précise quelle est la voie que veut suivre l'Angleterre pour les propriétés neutres chargées sur navire ennemi; mais les négociations du maréchal de Bassompierre sont là pour attester quelles étaient les pratiques de l'Angleterre et les intentions de la France, et montrer avec quelle complaisance Reddie a interverti les rôles.

XIV

Sous l'influence de ces principes invoqués par la France, et dès le commencement du XVIIe siècle, un traité fut conclu par Henri IV et le sultan Acmeth (1604), qui porte : « Voulons et commandons que « les marchandises qui seront chargées à nolis sur les vaisseaux « français appartenant aux ennemis de notre Porte ne puissent « être prises sous couleur qu'elles sont de nos ennemis » (1).

Il est assurément curieux de voir les sultans reconnaître, les premiers, des principes encore méconnus dans la plus grande partie de l'Europe. L'honneur en revient tout entier à la France et à notre Henri IV.

Le traité des Pyrénées est le premier grand traité européen qui admit ce principe contraire au *Consulat de la mer : Vaisseau libre, marchandises libres; vaisseau ennemi, marchandises ennemies.* Le pavillon ami couvrant la marchandise ennemie; le pavillon ennemi rendant confiscable la marchandise amie, tel est le droit qui règne presque exclusivement dans les traités du XVIIe siècle. Mais le droit particulier de chaque nation, les édits des souverains n'entrèrent pas de sitôt dans cette voie : il semble que les nations aient voulu se réserver le droit de revenir sur leurs pas et de pouvoir faire, à leur bon plaisir, le plus de mal possible à leurs ennemis, au détriment des neutres, quand l'occasion s'en présenterait. C'est ainsi que la France publia les édits de 1639, 1645, 1650, qui admettaient bien que la cargaison neutre était libre sur un navire neutre, quoique chargé aussi de marchandise ennemie, mais qui confisquaient la marchandise ennemie. Ce n'était pas assez de rigueur ; l'Angleterre, par ses excès, poussait la France à l'abandon des vrais principes, et Louis XIV fut obligé, dans sa grande ordonnance de 1681, de proclamer la maxime : *Robe d'ennemi confisque celle d'ami.*

Deux prétextes, comme l'observe très-judicieusement M. Hautefeuille, furent mis en avant pour colorer cet oubli du droit primitif un moment obscurci et cependant prêt à renaître : le droit que s'arrogeaient les belligérants de nuire, par tous les moyens possibles, à leurs ennemis; le droit qu'ils croyaient avoir et qu'ils tenaient de la force, de s'emparer des biens de leurs adversaires partout où ils les trouvaient ; le droit, en un mot, de la nécessité,

(1) Art. 12. Flassan, *Histoire de la Diplomatie française*, t. 2, p. 27. — Autre traité conclu en 1608 par le Sultan avec la Hollande.

de l'aveugle nécessité qui peut légitimer tous les excès et porter les nations à violer les traités librement consentis. Il faut remarquer aussi que, pendant presque toute la durée du XVIIe siècle, les quatre grandes puissances maritimes de l'Europe ne posèrent pas les armes; que pas une d'elles ne fut neutre et pacifique; que, par conséquent, il ne lui fut pas possible d'employer ses forces à faire respecter un droit qu'elle trouvait avantageux de mépriser chez les faibles.

Ainsi, au XVIIe siècle, pendant que les nations conservaient, dans la lettre trop souvent morte de leurs traités, les vrais principes du droit international, le droit public ne se formait pas encore, les ordonnances ne s'inspiraient pas des traités, et les neutres étaient mis sur le même rang que les ennemis (1).

L'Angleterre tint toujours, pendant la guerre, pour les principes du *Consulat de la mer* avec une persévérance, une tenacité dignes non pas d'un meilleur sort, mais d'une meilleure cause : cette persévérance à s'éloigner de la loi primitive semble croître avec ses forces navales; chaque quart de siècle, chaque guerre semblent donner à sa tactique une nouvelle force : *vires crescit eundo*. C'est que l'Angleterre, quand elle fut assurée de sa prépondérance navale, n'eut qu'un but, détruire toutes les marines et attirer à elle le commerce du monde : pour atteindre ce but, ses flottes puissantes, ses violences, les abus les plus criants de la force et de l'audace sont venus tour à tour ranger les nations maritimes sous un joug quelquefois secoué, toujours insupportable. Ruiner les marines du monde, pendant la guerre, afin de les remplacer pendant la paix : voilà le secret de la politique de l'Angleterre, qu'elle a continué à imposer à ses alliés jusqu'au milieu du XIXe siècle.

XV

Au XVIIIe siècle, au moins pendant les 60 premières années, le même contraste se présente entre les traités de paix et les lois par-

(1) Voici les dates de quelques-uns des traités du XVIIe siècle qui garantissent le droit des neutres : 1604, France et Sublime-Porte; 1612, Hollande et Sublime-Porte; — 18 avril 1646, France et Hollande; — 1650, Espagne et Hollande; — 1654, Angleterre et Portugal; — 1659, Traité des Pyrénées; — 1667, 1674, 1689, Grande-Bretagne et Hollande; — 1677, Angleterre et France, etc., etc. Dans ces traités, on trouve quelquefois les deux maximes, quelquefois l'une ou l'autre. Quelques-uns stipulent en termes généraux la liberté du commerce et de la navigation des neutres.

ticulières : les droits des neutres règnent pendant la paix, au moment où l'on pourrait s'en passer ; dès que la guerre éclate, ils sont oubliés. Le traité d'Utrecht les proclame et l'ordonnance de 1704 était revenue aux principes de 1681. L'ordonnance de 1704 portait : Art. 3. « Comme aussi leur fait défense d'arrêter des vaissaux appartenant aux sujets des princes neutres partis des ports d'un des États neutres ou alliés de Sa Majesté pour aller dans un autre État pareillement neutre ou allié de Sa Majesté pourvu qu'ils ne soient pas chargés des marchandises *du crû ou fabrique de ses ennemis*, auquel cas, les marchandises seront de bonne prise et les vaisseaux seront relâchés... » Art. 5 « Et néanmoins, si, dans les cas portés par les quatre premiers articles du présent règlement, il se trouvait sur les vaisseaux neutres des effets appartenant aux ennemis de Sa Majesté, les *vaisseaux et tout le chargement seront de bonne prise*, conformément à l'art. 7 de l'ordonnance de 1681. »

Il est juste de remarquer qu'en 1704, la France ne faisait que suivre l'Angleterre et la Hollande dans la voie rétrograde, qui reportait le droit public de l'Europe aux principes du moyen âge et à ceux du droit privé des Romains (1). La France usait de représailles; les neutres avaient subi le joug de l'Angleterre et de la Hollande, ils allaient subir celui de Louis XIV.

Après les traités d'Utrecht, la France revint, dans l'ordonnance de 1744, aux principes du *Consulat de la mer ;* et, cependant, jusqu'en 1744, de nombreux traités furent conclus où les maximes protectrices des neutres étaient admises : — 1725, Autriche et Espagne ; — 1739, France et Hollande ; — 1742, Suède et Danemark ; — 1748, traité d'Aix-la-Chapelle.

Ainsi, quand on jette un coup d'œil sur les règlements, ordonnances et lois particulières qui régissent les Etats, en même temps que sur les traités internationaux qui les lient, on est frappé du contraste bien singulier que nous venons de constater. Pendant que les traités adoptent tous ou presque tous les vrais principes de la liberté des mers, pendant que l'Angleterre même subit, pendant la paix, les exigences de cette liberté, les lois intérieures quelquefois promulguées au moment de l'ouverture des hostilités, souvent édictées au milieu de la paix, adoptent le système contraire, le système du *Consulat de la mer* porté jusqu'à l'exagération. D'où vient cette différence? Elle est tout entière, ce nous semble, dans la nature hu-

(1) Principes adoptés par la Hollande et l'Angleterre le 22 août 1689, renouvelés lors de la guerre de la succession.

maine. Quand on fait la paix, on ne pense ni à la guerre passée ni à celle qui pourra éclater dans l'avenir ; on fait volontiers le sacrifice de ce qui paraît être un droit, puisqu'on n'aura plus à exercer ce droit. Les sacrifices qui ne coûtent rien sont encore ceux que les hommes et les nations font avec le plus de facilité.

D'autres idées, les idées absolument contraires dominent les nations et les hommes qui les gouvernent, quand ils portent leurs regards sur des hostilités ouvertes ou prêtes à s'ouvrir. Ce ne sont plus les neutres, ce ne sont plus les avantages de la neutralité qu'on envisage, c'est uniquement l'autre belligérant, l'adversaire auquel il faut enlever tous les avantages dont on avait pour soi-même caressé l'espérance, si la guerre avait eu d'autres destinées, si elle avait enveloppé une nation qui reste neutre aujourd'hui, une nation qu'on voudrait ménager, dont on comprend, dont on admet les raisons, au moment de faire la paix; mais qu'il faut frapper au moment de faire la guerre, parce que par elle, et avec elle, on atteint l'ennemi.

Tel est, selon nous, le secret de cette différence marquée : voilà pourquoi les vrais principes se trouvent dans les traités de 1604, 1646, 1648, et pourquoi l'ordonnance de 1639, celles du 16 janvier 1645 et 1er février 1650, sont dominées par un esprit contraire. Toutefois, ces ordonnances furent un progrès sur celles du siècle précédent; elles se bornaient à confisquer la marchandise ennemie.

Quand on rapproche les dates, le contraste devient encore plus frappant : en 1655, 1659, jusqu'en 1677, nous trouvons des traités conclus même par la France avec la maxime : « Le pavillon couvre la marchandise, » et la grande ordonnance de 1681 revient à l'édit de 1543, et l'art. 7 des prises prononce, non-seulement la confiscation de la marchandise ennemie chargée sur le navire neutre, mais encore la confiscation du navire et de la marchandise neutre, qui se trouvent, en quelque sorte, viciés par la présence de la marchandise ennemie.

Quel fut le rôle de l'Angleterre pendant le XVIIIe siècle au point de vue du droit des neutres? Il se résume en deux mots : L'intolérance de l'Angleterre suivit la progression de sa puissance navale et sa puissance navale s'augmenta sans cesse, avec son commerce maritime, avec la ruine des deux marines d'Espagne et de Hollande et avec l'épuisement de celle de la France. L'Espagne, par une multitude de causes, cessa de compter au rang des premières puissances maritimes de l'Europe. La Hollande s'effaça au fond de ses lagunes où semblait l'avoir enfoncée Guillaume, quand il en quitta le sol, pour monter sur le trône des Stuarts. L'Angleterre régua donc seule sur la mer en face de la marine épuisée de la France, que les successeurs de Louis XIV et de Colbert ne surent pas d'abord relever. L'Angleterre était trop intéressée à violenter les neutres, pour négliger toutes les circonstances qui pouvaient augmenter la domination de son commerce au détriment des autres nations. Elle ne trouva une barrière infranchissable que dans l'ordonnance de 1778 appuyée de la marine de Louis XVI ; dans la neutralité armée de 1780 et précédemment dans la résistance de la Prusse.

En 1744 et 1747, la Prusse, gardant pendant la guerre une exacte neutralité, demanda à l'Angleterre une déclaration de principes ; lord Carteret et lord Chesterfield refusèrent de répondre par écrit, et, malgré leurs promesses verbales et évasives, laissèrent capturer un grand nombre de navires neutres. Le roi de Prusse, à titre de représailles, mit arrêt sur des capitaux anglais hypothéqués en Silésie, et il obtint, par ce moyen, une réponse des Anglais ; — 18 janvier 1753 :

« Les effets d'un ennemi peuvent être saisis, quoique à bord d'un vaisseau ami ;

« *Les effets d'un ami doivent être rendus, quoique trouvés à bord d'un vaisseau ennemi.* »

Les Anglais prétendaient prouver qu'ils s'étaient toujours conformés à ce dernier principe. Les Prussiens leur prouvèrent facilement le contraire (1).

XVI

Le coup d'œil qu'il faut jeter sur la législation des autres États de l'Europe peut être rapide.

L'Espagne, dont la politique a presque toujours été liée à celle de la France depuis l'avénement de Philippe V, n'a fait que suivre pas à pas l'ordonnance de 1778.

La Russie, le Danemark, la Suède, la Prusse, n'ont pas de législation positive sur la matière : à chaque commencement de guerre, ces nations publient des *placards* qui annoncent quelle sera leur règle de conduite pendant les hostilités. Les États-Unis d'Amérique

(1) Martens, *Causes célèbres du droit des gens*, t. 2. — *Affaire de l'emprunt Silésien*, Ortolan, t. 2, ch. V.

ont toujours suivi cet exemple. Il est inutile de dire que ces *placards* ont pris pour base de leur déclaration la maxime de 1778, le droit légitime des neutres.

L'Angleterre procède aussi par *placard*, par *ordres* du Conseil, publiés au commencement de la guerre ou dans le cours des hostilités, se réservant, bien entendu, de modifier, dans l'exécution, les résolutions des ordres du Conseil. En 1677, l'Angleterre reconnait dans un traité la liberté des mers ; en 1689, liguée avec la Hollande contre la France, elle notifie aux neutres la convention de 1689, dans laquelle elle déclare « que le pavillon ne couvre pas la marchandise, et que la marchandise ennemie sur navire neutre amènera la confiscation du navire. Les navires neutres seront d'ailleurs saisis, quel que soit leur chargement, s'ils sont rencontrés en pleine mer, se dirigeant vers les côtes de France ou sortant d'un port français. »

La Suède et le Danemark se liguèrent pour résister, et l'Angleterre, devant cette menace de neutralité armée, ne fit pas exécuter son ordre du Conseil.

Lors de la guerre d'Amérique, les prétentions de l'Angleterre furent les mêmes, mais elle rencontra l'édit de 1778 et la neutralité armée.

La France avait enfin abandonné le système de représailles adopté sous Louis XIV et sous Louis XV ; elle avait renoncé à suivre sa rivale dans cette voie funeste qui semblait aller en sens inverse du droit des gens. Sous l'inspiration de Louis XVI, elle venait de proclamer la liberté des mers, quand l'Angleterre s'apprêtait à user de ses maximes restrictives. La généreuse conduite de la France, son initiative eurent un effet immédiat : la neutralité armée de 1780, et le respect forcé que l'Angleterre fut obligée de porter à cette neutralité, tout en protestant de ses droits et se réservant de les faire valoir dans d'autres circonstances, c'est-à-dire quand elle serait la plus forte.

C'est donc en rendant l'Amérique à la liberté, en enlevant cette puissante colonie à l'Angleterre et en donnant à l'Europe, contre l'Angleterre, ce contrepoids colossal, que Louis XVI eut la gloire de proclamer, au commencement d'une guerre, les vrais principes du droit des gens. Il était réservé à ce roi infortuné de préparer ou de sauvegarder tous les genres d'une liberté sainement réglée : il allait proclamer la liberté civile, la liberté religieuse ; il aidait une colonie opprimée à secouer le joug de la métropole, et créait ainsi à côté de l'Angleterre une puissance nouvelle, une rivale sur mer ; enfin, il proclamait la liberté des mers.

Un traité fut conclu entre la France et l'Amérique, le 6 février 1778; il prépara le règlement du 26 juillet suivant, qui rompait avec tous les précédents édits. L'édit de 1778 est, quoi qu'on en ait dit, très-explicite : « Art. 1er. Fait défenses, Sa Majesté, à tous armateurs d'arrêter et de conduire dans les ports du Royaume les navires des puissances neutres, quand même ils sortiraient des ports ennemis, ou qu'ils y seraient destinés..... Se réservant, au surplus, Sa Majesté, de révoquer la liberté portée au présent article, si les puissances ennemies n'accordent pas la réciproque dans le délai de six mois, à compter du jour de la publication du présent règlement.... A l'égard des navires des États neutres qui seraient chargés de marchandises de contrebande de guerre destinées à l'ennemi, ils pourront être arrêtés et les marchandises confisquées; mais les bâtiments et le surplus de la cargaison seront relâchés, à moins que lesdites marchandises de contrebande ne composent les trois quarts de la valeur du chargement, auquel cas le navire et la cargaison seront confisqués en entier » (1), etc., etc.

L'Angleterre n'adopta pas ces principes; elle fit saisir les bâtiments hollandais. Malheureusement la Hollande n'était plus capable de résister; la France suspendit à son égard l'édit de 1778, et l'amena à une exacte neutralité. La guerre continuant, l'Angleterre cherchait toujours à violenter les neutres : elle les poussa à une ligue armée dont l'initiative revient à l'impératrice Catherine.

La déclaration de Catherine, du 28 février 1780, est ainsi conçue:

« L'impératrice dit que, déterminée à faire respecter les principes qu'elle trouve consignés dans le droit primitif des peuples, que toute nation est fondée à réclamer, et que les puissances belligérantes ne sauraient les invalider sans violer les droits de la neutralité et sans désavouer les maximes qu'elles ont adoptées, nommément dans différents traités et engagements précités.

« Ils se réduisent aux points suivants :

« 1° Que les marchandises appartenant aux sujets desdites puissances en guerre soient libres sur les vaisseaux neutres, à l'exception des marchandises de contrebande;

« 2° Que les effets appartenant aux sujets desdites puissances en guerre soient libres sur les vaisseaux neutres, à l'exception des marchandises de contrebande;

« 3° Que l'impératrice se tient, quant à la fixation de celles-ci, à ce qui est énoncé dans les art. 10 et 11 de son traité de commerce

(1) Voy. arrêt du Conseil du 14 janvier 1779.

avec la Grande-Bretagne, en étendant ces obligations à toutes les puissances en guerre;

« 4° Que, pour déterminer ce qui caractérise un port bloqué, on n'accorde cette détermination qu'à celui où il y a, par la disposition de la puissance qui l'attaque avec des vaisseaux arrêtés et suffisamment proches, un danger évident d'entrer;

« 5° Que ces principes seront de règle dans les procédures et les jugements sur la légalité des prises.... »

« Toutes les puissances européennes, dit M. Schoel (*Histoire des Traités*, IV, p. 58), applaudirent aux principes de la neutralité armée; la Grande-Bretagne seule en conçut un dépit que la prudence lui conseilla de cacher. Lorsque dix ans plus tard les puissances du Nord voulurent faire revivre ces maximes, la circonstance avait changé; la Grande-Bretagne s'était saisie du sceptre des mers; elle replongea le droit maritime dans la barbarie du moyen âge. »

XVII

La Révolution française, en effet, remit l'Angleterre en possession d'une puissance navale sans rivale : les droits des neutres, un moment triomphants, pendant la guerre de l'indépendance américaine, furent de nouveau foulés aux pieds; tout devant concourir, pour l'Angleterre, à l'anéantissement de la marine, du commerce français et à l'affaiblissement de la France elle-même qui se débattait contre la révolution.

Le 14 février 1793, la Convention répudie les maximes de 1778.

Le 25 mars 1793, la Russie et l'Angleterre se liguent pour interdire tout commerce des neutres avec la France. Le 8 juin 1793, l'Angleterre fait défense aux neutres de communiquer avec les ports français, sous peine de confiscation. Les autres nations de l'Europe applaudirent, sauf la Suède et le Danemark, qui essayèrent une nouvelle ligue de 1780. Mais que peut la faiblesse contre l'intérêt et la force? que pouvaient les nobles et énergiques protestations du comte de Bernstorff, ministre de Danemark, contre les flottes de Nelson?

La Convention disait : « Considérant que le pavillon des puissances neutres n'est pas respecté par les ennemis de la France (suit l'énumération des violences commises par l'Angleterre); que les divers rapports qui sont faits successivement par les villes maritimes annoncent que ces mêmes actes d'inhumanité se multiplient et se répètent impunément chaque jour sur toute l'étendue des mers; que dans une pareille circonstance, tous les droits des gens étant violés, il n'est plus permis au peuple français de remplir, vis-à-vis de toutes les puissances neutres en général, le vœu qu'il a si souvent manifesté et qu'il formera constamment pour la pleine et entière liberté du commerce. » — Suit la loi du 9 mai 1793, qui, abrogeant celle du 14 février précédent et le règlement de 1778, revient aux principes de 1744.

Les ordres du Conseil d'Angleterre des 18 juin et 6 novembre 1793 et 8 janvier 1794, renouvellent les anciennes maximes, en y comprenant les colonies françaises. En fait, les principes de l'Angleterre furent exercés avec la plus extrême rigueur; tout en proclamant son droit prétendu de confiscation du navire, elle n'avait pas, dans les guerres précédentes, appliqué ce droit avec excès : les neutralités armées, les flottes de la France pouvaient l'arrêter; à l'époque où nous sommes arrivés, elle a jeté le masque et rien ne va plus comprimer ses violences.

La France fut bien obligée d'user de représailles, et les différents gouvernements révolutionnaires qui se succédèrent à cette époque suivirent l'Angleterre dans la voie funeste des rigueurs et des excès. Voici comment s'exprimait le Directoire, lors des mesures répressives qu'il dut prendre :

« Les Français ne souffriront pas qu'une puissance qui cherche à « fonder sa prospérité sur le malheur des autres nations, à élever « son commerce sur la ruine des autres peuples, et qui, aspirant à « la domination des mers, veut introduire partout les objets manu- « facturés dans ses fabriques, et ne rien recevoir de l'industrie « étrangère, jouisse plus longtemps du fruit de ses coupables spé- « culations. Le gouvernement anglais a soudoyé pendant la guerre, « avec les produits de ses fabriques, les forces coalisées; il a violé « tous les principes du droit des gens, afin d'entraver les relations « des puissances neutres. Il a fait saisir les vivres, les grains, les « denrées qu'il croyait destinés à la France, il a déclaré contre- « bande tout ce qu'il croyait être utile à la République; il a voulu « l'affamer.

« Lorsqu'il a eu à craindre la prise des bâtiments naviguant sous « son pavillon, il a corrompu les capitaines étrangers pour les en- « gager à prendre sur leur bord des marchandises anglaises, et les « introduire ainsi par ruse, par fraude ou autrement dans les autres

« États et notamment dans la République française..... Il fallait « punir l'Angleterre, qui, en arrêtant les navires des autres puis- « sances chargés dans leurs ports respectifs et destinés pour la « France, en ne laissant circuler que les objets provenant de ses fa- « briques, visait à un commerce exclusif, et il fallait poursuivre « la réparation d'un pareil attentat. »

M. Villiers, rapporteur de la commission des finances, après avoir fait le tableau de la triste situation de l'Angleterre, de son commerce, de son industrie, de ses finances, en face des corsaires et des lois de la France, ajoutait : « Cette question (la question du pavillon) ne doit pas être décidée par les principes ordinaires du droit naturel, puisque les Anglais, les premiers, les ont violés, à l'égard de toutes les nations. Par la mesure que l'on vous propose, on ne peut dire que vous attaquez l'indépendance des gouvernements; vous ne faites que la consolider et les mettre à même de s'arracher au joug où les tient le cabinet de Londres et donner une pleine activité à leur industrie et à leurs manufactures.

« La mer doit être libre, comme l'air que nous respirons, et la République, en attaquant le tyran des mers, ne veut pas détruire sa puissance pour l'usurper à son tour. L'Angleterre, en fermant ses ports à tout vaisseau qui y porterait des marchandises autres que celles de son crû, nous a tracé la marche à suivre pour la combattre. Puisque les Anglais ont saisi tous les bâtiments, même neutres, qui nous apportaient des grains, des denrées et des marchandises, nous ne faisons qu'user envers eux des plus justes représailles. »

Tel est le triste résultat des rigueurs excessives et des représailles! — Cependant, le 20 décembre 1799, le gouvernement français remit en vigueur les principes de 1778.

XVIII

Sous le Consulat et sous l'Empire, l'Angleterre n'accepte pas la doctrine des neutres soutenue par la France : elle n'admet aucune des maximes de l'ordonnance de 1778. « Si l'on désire savoir, « dit M. Thiers (1), quel était au fond le grave intérêt caché sous « les sophismes des publicistes britanniques, le voici : l'Angleterre

(1) *Cons. et Emp.*, liv. IV. — *Armistice*, p. 103, t. 2.

« voulait empêcher qu'on ne portât aux Espagnols les riches mé-« taux du Mexique, principal aliment de leur opulence ; aux Fran-« çais le sucre et le café, dont ils ne savaient pas se passer ; aux uns « et aux autres, les bois, le chanvre, les fers du Nord, nécessaires à « leur marine. Elle voulait au besoin pouvoir les affamer.... elle « voulait pouvoir frapper d'interdit des pays entiers, sans l'obliga-« tion d'un blocus réel; elle voulait enfin, à force de recherches, « de vexations, d'obstacles de tous genres, ruiner le commerce de « toutes les nations, de manière que la guerre, qui, pour les peuples « commerçants, est un état de détresse, devînt pour ses négociants « ce qu'elle était en effet, un temps de monopole et de prospérité « extraordinaire. »

Au commencement du XIXe siècle (juillet 1800), comme aux époques précédentes, l'Angleterre soutint ses prétentions avec les formes acerbes qui avaient toujours distingué sa politique égoïste; elle y joignit, selon sa vieille tradition, les violences et les vexations qui constituaient l'étrange droit des gens qu'elle avait arrangé à son usage. Les neutres s'appuyant sur les maximes qu'ils cherchaient à faire prévaloir, consentaient bien à souffrir le droit de visite, mais ils voulaient que ce droit fût exercé avec certains égards; ils voulaient que les Anglais acceptassent la maxime : « *le Pavillon couvre la marchandise* », et que lorsqu'un officier d'une marine royale ou nationale convoyait des navires marchands d'une nation neutre, on ajoutât à sa parole, couverte par l'honneur du pavillon national, une foi complète : « Ils n'admettaient pas qu'un simple brick faisant la « course pût arrêter un convoi escorté peut-être par M. de Suffren « ou lord Nelson. »

La Suède et le Danemark, mettant en pratique leurs prétentions si légitimes, faisaient escorter leurs navires de commerce par des frégates portant pavillon royal. Les Anglais arrêtèrent deux frégates danoises; quelque temps après, une autre frégate danoise, la *Haufersen*, fut violentée par l'amiral Keith et conduite à Gibraltar.

Le droit des gens était ouvertement violé sur toutes les mers, et, s'il y a quelque chose de supérieur au droit des gens, l'Angleterre ne le respecta pas davantage dans la rade de Barcelone : Deux frégates espagnoles y stationnaient à l'ancre ; il fallait les enlever, mais ces frégates étaient pourvues de canons et pouvaient se défendre avec plus d'efficacité que les inoffensifs convois des marchands suédois. La ruse va venir en aide à la violence : une galiote suédoise était en vue, elle est abordée, prise et aussitôt inondée de marins anglais ; le capitaine suédois, le pistolet sur la gorge, a ordre de s'approcher des frégates espagnoles qui laissent accoster sans défiance le loyal pavillon de la Suède. Les Anglais sautent à l'abordage sur les deux frégates et s'enfuient en entraînant le fruit de leur brigandage.

Tous ces faits eurent en Europe un grand retentissement; l'empereur de Russie voulait nouer une nouvelle ligue des neutres; à l'annonce d'une flotte anglaise dans les eaux de la Baltique, il séquestra tous les capitaux anglais qu'il put saisir dans son empire. La Suède et le Danemark protestèrent, mais ils n'avaient pas eu le temps de faire des préparatifs pour éloigner la flotte contre laquelle Paul Ier venait de prendre la précaution du séquestre, et le Danemark signa, le 29 août 1800, un traité qui, ajournant la question du droit des gens, ne donnait à la puissance violentée que la satisfaction qu'il avait plu à l'orgueil britannique de lui accorder.

Il importait surtout à la politique du premier Consul de rallier aux maximes des neutres la république des États-Unis d'Amérique. Dans le traité de 1778, les États-Unis avaient proclamé le droit des neutres; mais sous le Directoire, la politique fédéraliste de l'Union s'était laissée dominer par les prétentions de l'Angleterre et elle avait admis que la propriété ennemie pouvait être recherchée sur un vaisseau neutre.

Le Directoire avait usé de représailles qui n'étaient pas faites pour ramener les États-Unis à la pratique du véritable droit des gens. Le premier Consul eut d'autres vues que le Directoire; il leva toutes les difficultés que soulevaient certains avantages commerciaux à concéder ou à retirer, et obtint des Américains une nouvelle et solennelle reconnaissance du droit des neutres, et par conséquent il donna un ennemi de plus à la Grande-Bretagne. (1)

La ligue des neutres, signée le 26 décembre 1801 à Saint-Pétersbourg, suivit de près et isola l'Angleterre de toutes les puissances maritimes du globe. Mais elle mit *l'embargo* sur toutes les valeurs des neutres qu'elle avait à sa disposition et s'apprêta à frapper un grand coup dans le nord de l'Europe.

Cependant, au sein du Parlement britannique, l'opposition se faisait une arme contre Pitt de la résistance inébranlable qu'il opposait à la réclamation des neutres. Mais l'implacable politique de ce ministre n'était pas disposée à admettre un seul point des maximes que ses adversaires auraient sans doute repoussées, s'ils avaient été à sa place. Ce n'était pas la politique du ministère qui parlait par sa

(1) Traité de Morfontaine.

bouche, c'était la politique de l'Angleterre. Quand Fox et Sheridan lui demandaient pourquoi il n'avait pas imité lord North, qui, en 1780, se garda bien de répondre à la déclaration des puissances maritimes par une déclaration de guerre; quand on lui demandait pourquoi il s'était mis toute l'Europe sur les bras pour une question de droit des gens, il répondait : « Que si l'Angleterre se rendait aux doctrines des puissances neutres, il suffirait d'une chaloupe canonnière pour convoyer le commerce du monde entier. L'Angleterre ne pourrait plus empêcher l'Espagne de recevoir les trésors du Nouveau-Monde, ni la France de recevoir les munitions navales du Nord. Il faut, s'écriait-il, nous envelopper de notre drapeau et nous ensevelir sous les mers, plutôt que de permettre l'admission de tels principes dans le droit maritime des nations. » (1)

Ce cri de M. Pitt, écho de toutes les vieilles traditions de ses prédécesseurs, fut le mot d'ordre de la politique de la Grande-Bretagne, en matière du droit des gens, jusqu'en 1856. A cette époque, d'autres considérations, l'abolition de la course, comme nous l'avons vu, lui ont fait provisoirement adopter des maximes contraires.

Pendant toute la durée du premier Empire, l'Angleterre ne céda jamais et, de représailles en représailles, la France et l'Angleterre en arrivèrent aux principes du blocus continental. Le 10 décembre 1807, le gouvernement de la Grande-Bretagne adressait à l'empereur Alexandre Ier la contre-déclaration suivante :

« Sa Majesté proclame de nouveau les principes contre lesquels « fut dirigée la neutralité armée sous les auspices de l'impératrice « Catherine, et contre lesquels la Russie dénonce actuellement les « hostilités. Ces principes ont été reconnus par toutes les puissances « de l'Europe.... ils ont de tout temps essentiellement contribué au « maintien de la puissance maritime de l'Angleterre, mais ils sont « devenus d'une importance incalculable à une époque où la puis- « sance maritime de la Grande-Bretagne est le seul boulevard exis- « tant contre les usurpations sans cesse renaissantes de la France, « *et le seul refuge auquel d'autres nations puissent avoir recours* « *dans des temps plus heureux.* »

Les traités de 1815 ne contiennent rien qui règle le droit des neutres, en temps de guerre maritime. L'Angleterre, toute puissante alors, n'aurait pas permis dans un congrès une discussion qui aurait été la condamnation de sa conduite; elle n'aurait pas voulu qu'il fût possible d'admettre un droit contraire à celui qu'elle avait professé

(1) Thiers, t. 2, p. 392.

dans l'unique intérêt de son commerce et de sa domination sur les mers du monde. D'ailleurs l'équilibre de l'Europe était chose trop importante pour qu'on pût songer à l'équilibre maritime.

Depuis 1815, tous les traités conclus par la France, les autres puissances de l'Europe et les Républiques nouvelles de l'Amérique contiennent les vrais principes du droit des neutres. Fidèle à son système, l'Angleterre, en 1842, a imposé au Portugal un traité qui contient les maximes du *Consulat de la mer*. Au XVe siècle, l'Angleterre forçait les grands vassaux du roi de France à user du droit de confiscation contre leur suzerain; au XVIIIe, elle fait oublier à l'Amérique la liberté que la nouvelle République tient de la France et de Louis XVI; au XIXe, elle profite de son ascendant sur un faible vassal, pour ne pas laisser oublier le vieux droit du moyen âge. Ce droit barbare, elle l'a retrouvé en 1854, au moment de l'ouverture des hostilités de la guerre d'Orient. Le 25 mars 1854, le gouvernement anglais déclara qu'il saisirait les marchandises ennemies sur les neutres. Il protestait de cette façon, et d'avance, contre la déclaration française du 28 mars qui proclamait les droits des neutres et à laquelle il fallait bien qu'il se ralliât. Dans le Congrès de Paris, nous avons vu lord Clarendon n'abandonner le droit revendiqué par l'Angleterre contre les neutres, qu'à la condition que la course serait définitivement abolie; et nous savons qu'une imposante minorité du Parlement a protesté contre le traité de 1856. Ce traité contient-il le dernier mot de l'Angleterre? Si l'occasion se présentait, l'Angleterre ne reviendrait-elle pas à ses anciennes théories? Pour qui connaît son histoire, il est permis de le supposer.

DU BLOCUS EFFECTIF

Nous avons déjà indiqué ce qu'on entendait par le *blocus effectif* d'un port, d'une rade, de l'embouchure d'un fleuve ou d'une partie quelconque des côtes de l'ennemi, par opposition au *blocus sur le papier* (1). Nous avons dit que le blocus, pour être sérieux, pour avoir la prétention d'interdire aux neutres l'approche des côtes ennemies, devait être *réel*, c'est-à-dire exécuté avec une puissance

(1) V. p. 7.

navale qu'il soit dangereux de forcer. La guerre actuelle offre un exemple frappant du blocus effectif et montre bien quelle nécessité il y a, pour la nation qui veut bloquer un port, d'avoir, devant ce port, une force navale suffisamment rapprochée, afin d'en interdire l'accès, tandis qu'un port voisin reste ouvert au commerce des neutres. La France a une escadre dans la mer Adriatique, elle a établi une croisière permanente dans toute cette mer, particulièrement dans le golfe de Venise et à l'entrée du golfe de Trieste. Une force suffisante bloque Venise; ce blocus effectif a été notifié et tout accès avec le port des Lagunes est interdit, sous peine de capture. Mais le port de Trieste n'est pas bloqué; la croisière qui s'en est rapprochée capture bien les navires autrichiens qui en sortent ou qui y entrent; elle laisse, au contraire, librement passer les neutres auxquels, au moins, on ne peut reprocher de faire la contrebande de guerre.

Le système américain développé dans la Note de M. Marcy conduirait à la suppression de toute espèce de blocus. Le Congrès de Paris a conservé le blocus effectif, en supprimant le blocus *sur le papier* ou blocus *de cabinet, per notificationem*, dont l'usage était lié, dans le droit des gens de l'Angleterre, à la pratique des maximes contraires aux neutres. Quand on n'adopte pas le système par trop libéral de M. Marcy, le droit de *blocus effectif* se justifie de lui-même.

« Tout commerce absolument est défendu avec une ville assiégée, « dit Vattel. Quand je tiens une place assiégée, ou seulement blo- « quée, je suis en droit d'empêcher que personne n'y entre, et de « traiter en ennemi quiconque entreprend d'y entrer sans ma per- « mission, et d'y porter quoi que ce soit, car il s'oppose à mon en- « treprise, il peut contribuer à la faire échouer, et par là me faire « tomber dans tous les maux d'une guerre malheureuse (1). » Nous avons vu ce qu'en disait lord Clarendon, à la Chambre des Lords; c'est un des moyens les plus puissants de ruiner le commerce de l'ennemi.

Mais le blocus doit être réel, effectif, il faut qu'il y ait danger pour le neutre à le forcer. Si le blocus n'est pas réel, c'est violer le droit du neutre que d'interdire son commerce avec un belligérant, même en donnant à cette interdiction comme une couleur de nécessité ou de *convenance*, suivant l'expression de Galiani, pour priver l'ennemi des avantages du commerce de ce neutre et le forcer

(1) Vattel, p. 577, 578.

plus sûrement et plus promptement à la paix. En effet, le belligérant ne peut se targuer de ce droit de nécessité, qui naîtra de son bon plaisir, de son intérêt du moment, de son caprice ; il ne peut dire avec A. Gentilis : *Angli nolunt quid fieri, quod contra salutem suam est;* parce qu'on répondrait, au nom des neutres, avec le même Gentilis : *Lucrum illi commercium sibi perire nolunt.* Non ; il ne s'agit ni de nécessité, ni du salut de la patrie en danger : il s'agit d'une liberté qui sauve un grand principe et ne met rien en péril. En voulant nuire à l'ennemi, on ne nuit qu'au neutre; et, il faut le répéter : le plus souvent c'est le neutre qu'on veut atteindre, c'est sa marine qu'on veut ruiner ou dont on veut empêcher le développement, au moment où elle va profiter des relations forcément interrompues entre les belligérants; c'est l'indépendance d'une nation qu'on veut violer, c'est indirectement qu'on veut atteindre l'ennemi, quand la loi naturelle qui permet le plus de mal possible, ne le permet que quand il est direct. C'est en s'arrogeant une autorité de fait, en usurpant un droit de juridiction auquel le neutre est complétement étranger, que le belligérant parviendra à un but qu'il n'ose pas toujours avouer (1), et qu'il déguisera l'abus de la force, l'injustice, la raison du plus fort, sous un prétexte qu'il se gardera bien d'accepter dans la bouche d'un peuple plus faible.

Le blocus de cabinet, le blocus *per notificationem*, le blocus fictif, en un mot, n'est pas nouveau dans le monde. Sans remonter à la plus haute antiquité, on pourrait cependant le comparer à la fiction qu'avaient imaginée les Romains, pour les déclarations de guerre. Dans l'origine, le fécial romain venait sur le territoire même de l'ennemi déclarer la guerre et accomplir certaines cérémonies au milieu du peuple chez lequel la guerre allait être portée. Quand les peuples voisins de Rome eurent été subjugués et qu'il fallut faire la guerre aux peuples éloignés, les cérémonies du *fécial* devinrent difficiles, la *fiction* était nécessaire; il y eut alors, dans Rome même, le *champ des ennemis*, et c'est là que, *fictivement*, le fécial allait déclarer la guerre, *per notificationem*.

Les règles du blocus effectif n'ont pas toujours été suivies dans le monde maritime.

Un des premiers exemples du droit prétendu de nécessité appliqué au blocus remonte au 22 août 1689 :

La Hollande et l'Angleterre se liguent, et, mues « par la nécessité

(1) Sur la juridiction usurpée, V. Lampredi. *Du Commerce des neutres*, 1re partie, § 5. — Azuni, t. 2, ch. I, art. 2.

« de mettre un frein à une nation qui menace également la liberté « du monde et les intérêts de la religion », elles *défendent* aux neutres de faire aucun commerce avec les côtes de France. Le Danemark et la Suède résistèrent : ce fut au moins une protestation contre l'intolérable prétention de l'Angleterre.

En 1756, les Anglais mirent en état de blocus fictif tous les ports de France, pour enlever aux Hollandais les bénéfices de la neutralité et les empêcher de se faire les commissionnaires des colonies et du commerce français. Ce renversement du droit des gens ameuta l'Europe contre l'Angleterre, et les puissances scandinaves signèrent encore un traité pour faire respecter les droits des neutres.

En 1793, la même prohibition fut renouvelée; un peu plus tard, la Russie se joignit à l'Angleterre, et cette dernière puissance, assurée de l'impunité, profita de la possibilité de faire à l'ennemi commun le plus de mal possible, pour ruiner, par la même occasion et du même coup, les neutres dont le commerce se développait. Elle infligea au Danemark, à une innoffensive puissance neutre, le plus terrible bombardement qui ait jamais anéanti une marine.

On connaît le blocus continental, les décrets de Milan et ceux de Berlin. « L'ensemble du commerce, dit M. Thiers (*Blocus continental*, p. 193), se trouva ainsi déterminé par décret, c'est-à-dire rendu presque impossible. Tout l'art du monde, en effet, ne pouvait pas faire qu'en ne voulant pas prendre les produits de l'Angleterre, nous puissions l'obliger à prendre les nôtres. »

Et il faut savoir avec quelle rigueur le blocus était maintenu, quelle ruine s'ensuivait pour le commerce des diverses nations maritimes et les efforts de toute nature qui furent tentés pour se soustraire aux rigueurs des décrets impériaux. La lutte du roi Louis avec l'Empereur son frère est connue. Le lieutenant-général vicomte de Pelleport, dans les intéressants *Souvenirs militaires* qui ont été publiés par son fils, a tracé une peinture saisissante de la ruine commerciale de la Hollande, alors qu'il commandait dans cette partie de l'Empire, et des tentatives qui furent faites, « des expédients qui furent imaginés » (suivant l'expression du général), pour faire entrer dans l'empire des marchandises prohibées. « Les ports de la « Hollande étaient bloqués, dit-il (1); nul, sous peine d'encourir les « terribles peines portées par les décrets impériaux, ne pouvait importer les produits étrangers dans ce pays. Par suite de cet état

(1) *Souvenirs militaires et intimes du général vicomte de Pelleport*, ancien pair de France, publiés par son fils; t. 1, p. 289.

« de choses, *le commerce de la Hollande était ruiné*, et les négo-
« ciants avaient recours à toutes sortes de moyens pour arriver à
« éluder les ordres de l'Empereur. » — Le général ne fut pas à l'abri des tentatives de corruption; mais, comme il le dit naïvement pour son honneur et celui de l'armée, qui n'ont pas besoin d'autre défense : « Si nous étions individuellement honnêtes, il ne faut pas nous en
« savoir gré : *c'était à l'ordre du jour !* »

Le danger ne venait pas de ce côté, il venait de l'excès même du mal, des rigueurs extrêmes des décrets, des faux neutres, des représailles et d'un *embargo* général devenu nécessaire.

A part le blocus continental, qui est une exception dans son histoire, la France n'a jamais pratiqué le blocus de cabinet. Le blocus de la régence d'Alger de 1827 à 1830, le blocus de la Plata en 1838, ont toujours été effectifs (1).

Au sujet de ce dernier blocus, M. le comte Molé, alors ministre des affaires étrangères, écrivit au Ministre de la marine une dépêche restée célèbre et qui résume toute la doctrine française : Tout blo-
« cus, pour être valable envers les neutres, doit leur avoir été no-
« tifié et être effectif. Une fois établi devant un port, le blocus a
« pour objet d'empêcher l'entrée ou la sortie de tout navire, quel que
« soit son pavillon, et à quelque nation qu'il appartienne. Un na-
« vire se présentant devant un port bloqué avant d'avoir eu con-
« naissance du blocus, doit d'abord en être averti, et la notification
« doit en être faite par écrit et sur un rôle d'équipage.

« Mais cet avis ayant été donné et cette formalité ayant été rem-
« plie, s'il persiste à entrer dans le port, ou s'il vient à s'y présenter
« de nouveau, le commandant du blocus a le droit de l'arrêter. —
« Les bâtiments de guerre neutres se présentant devant un port
« bloqué doivent aussi être invités à s'éloigner; s'ils persistent, le
« commandant du blocus a le droit de s'opposer à leur entrée, par
« la force, et la responsabilité de tout ce qui peut s'ensuivre pèsera
« sur les violateurs du blocus. »

La note de M. Molé pose ensuite les vrais principes qui garantissent les marchandises et les navires des neutres : « Chaque puissance
« a le droit, ajoute-t-il, de faire convoyer ses bâtiments marchands;
« et, dans ce cas, la déclaration du commandant du bâtiment de
« guerre est suffisante pour justifier de la cargaison et du pavillon
« des navires convoyés. Dans aucun cas, il n'y a lieu de faire visiter

(1) V. Traité du 21 août 1828 avec le Brésil, et la dépêche du Ministre des affaires étrangères à propos du blocus de la Régence d'Alger, 8 février 1830.

« des bâtiments sous escorte d'un bâtiment de guerre de la nation « de ces mêmes bâtiments : la déclaration du capitaine escortant « suffit.

« Un port n'est bloqué par des forces navales que lorsque, par la « disposition de ces forces, il y a danger évident d'y entrer ; mais « un bâtiment neutre ne peut être inquiété pour être entré dans un « port précédemment bloqué par une force qui ne se serait pas « trouvée réellement devant le port, au moment où le bâtiment se « présentait, quelle que fût la cause de l'éloignement de la force qui « bloquait, soit qu'elle provînt des vents ou du besoin de s'appro- « visionner. »

Ce sont là les vrais principes : ils ont été adoptés par le Congrès de Paris, après avoir été mis en pratique par la France et par l'Angleterre, pendant la guerre d'Orient.

DÉLAI A ACCORDER AUX NAVIRES ENNEMIS

POUR SORTIR DES PORTS FRANÇAIS.

Au moment de l'ouverture des hostilités de la guerre d'Orient, le ministre des affaires étrangères de France publia la déclaration suivante (27 mars 1854) :

« Sire, Votre Majesté, voulant concilier les intérêts du commerce avec « les nécessités de la guerre, a décidé que, même après l'ouverture des « hostilités, il convient de protéger encore aussi largement que possible, « les opérations engagées de bonne foi et en cours d'exécution avant la « guerre.

« C'est dans cette pensée que j'ai l'honneur de soumettre à Votre « Majesté un projet de déclaration qui accorde aux navires de commerce « russes un délai de six semaines pour sortir des ports français. Cette « déclaration assure en même temps à ces navires la possibilité de se « rendre directement au port de destination, sans qu'ils soient, dans « l'intervalle, susceptibles d'être capturés.

« Quant aux Français qui ont en ce moment des navires russes en « chargement pour leur compte dans les ports de la Russie, j'aurais dé- « siré que les lois de la guerre eussent permis de les autoriser à faire « venir en France ces bâtiments. Mais il aurait fallu accorder pour le « retour une immunité qui aurait eu pour conséquence de laisser le

« pavillon de l'ennemi naviguer sans danger pendant un temps pres-
« que illimité.

« Au surplus, ils n'auront d'autre sacrifice à s'imposer qu'un trans-
« bordement sur des navires ne portant pas le pavillon russe.

« *Signé :* DROUYN DE L'HUYS. »

DÉCLARATION

« Art. 1. — Un délai de six semaines, à partir de ce jour, est accordé « aux navires de commerce russes pour sortir des ports français.

« En conséquence, les navires de commerce russes qui se trouvent « actuellement dans nos ports, ou ceux qui, étant sortis des ports russes « antérieurement à la déclaration de guerre, entreront dans les ports « français, pourront y séjourner et compléter leur chargement jusqu'au « 9 mai inclusivement.

« Art. 2. — Ceux des navires qui viendraient à être capturés par les « croiseurs français après leur sortie des ports de l'empire, seront re- « lâchés, s'ils établissent, par leurs papiers de bord, qu'ils se rendent « directement à leur port de destination et qu'ils n'ont pu encore y par- « venir.

« DROUYN DE L'HUYS. »

Une semblable déclaration a été publiée au commencement de la guerre actuelle. Il serait à désirer que tous les gouvernements prissent la même décision, à l'ouverture des hostilités, afin de ne pas faire peser sur des négociants innocents les maux d'une guerre dont-ils ne sont pas encore solidaires et qu'ils n'ont peut-être pas pu prévoir. Cette règle, toute d'humanité, n'est pas nouvelle dans le droit des gens; mais elle a été fort peu souvent pratiquée. Merlin constate « que l'usage général de l'Europe est que toute puissance « qui déclare la guerre à une autre, fait, au même instant, saisir « dans ses ports tous les bâtiments qui appartiennent à celle-ci ou à « ses sujets. C'est en conséquence de cet usage que le décret im- « périal du 6 octobre 1806 ordonne qu'à compter de ce jour, « ceux des bâtiments de mer appartenant au roi de Prusse et à ses « sujets, qui se trouvent actuellement dans les ports de l'empire, « seront déclarés de bonne prise... »

« Combien, cependant, il serait digne de l'urbanité européenne, « continue Merlin, d'en user autrement, et d'ériger en maxime du « droit des gens, le discours que tint, en 1746, le gouverneur de la

Havane au commandant du vaisseau de guerre anglais l'*Élisabeth*, « qu'une tempête avait forcé de relâcher dans le port de l'île de « Cuba ! Or, ce que disait ce généreux gouverneur pour la tem- « pête qui jette fatalement un vaisseau sur les côtes de l'ennemi, « on peut le dire pour l'arrêt forcé que fait ce même bâtiment, « quand la paix dure encore. »

Bynkershoek, malgré les théories sauvages que nous avons eu occasion de signaler, est, implicitement au moins, de l'avis de ce délai. Voici comment il s'exprime :

« Ceux qui ont écrit sur le droit public exigent diverses condi- « tions pour que la guerre soit légitime ; entre autres, qu'elle ait « été dénoncée publiquement... Je pense qu'il n'y a aucune raison « qui rende exigible cette déclaration de guerre... Cependant, les « princes et les peuples qui ont de la grandeur d'âme... se portent « difficilement à faire la guerre avant de l'avoir déclarée... La jus- « tice permet l'emploi de la force sans déclaration ; la grandeur « d'âme pèse toute chose plus généreusement : elle ne trouve pas « assez glorieux d'accabler un ennemi désarmé qui n'est pas prêt « à cette agression ; elle considère comme indigne d'attaquer à « l'improviste et de dépouiller ceux qui venaient à nous, peut-être « sur la foi de la paix publique, lorsque, sans leur faute, cette paix « a été détruite (1). »

Vattel est d'une opinion contraire :

« La demande de la restitution des prises faites sur mer avant la déclaration de guerre ne saurait être reçue : une telle prétention n'étant fondée sur nulle convention particulière et n'émanant nullement du droit des gens, puisqu'il n'y a pas de principe moins sujet à contestation que celui-ci : Que le plein droit de toutes les opérations hostiles de la guerre ne résulte point d'une déclaration formelle de guerre ; mais des hostilités dont l'agresseur a usé en premier lieu. »

Malgré la facilité des communications, malgré la vapeur qui abrége les distances, malgré l'électricité qui donne des ailes à la pensée et la diffusion prodigieuse que lui prête la presse, nous pensons que ce délai est nécessaire ; nous pensons qu'il est de toute justice « de ne pas dépouiller ceux qui venaient à nous, peut-être sur la foi de la paix publique, lorsque, sans leur faute, cette paix a été détruite. »

L'Angleterre doit-être naturellement de l'avis de Vattel. Au mo-

(1) Bynkershoek, *Quæst. juris publici*, lib. I, cap. 2.

ment de la guerre de 1665, les efforts de médiation de Louis XIV ayant été impuissants, l'Angleterre commença ses violences contre la Hollande, avant la déclaration de guerre. Un officier du duc d'York prit la Nouvelle-Amsterdam et en fit New-York. Ruyter reprit toutes les possessions hollandaises; mais les Anglais capturèrent dans la Manche et dans les mers voisines 130 bâtiments hollandais, et ils déclarèrent la guerre après. Les Hollandais proposèrent de prendre le Parlement de Paris comme arbitre pour juger les prises. Cette médiation fut refusée (1).

En 1672, quand l'Angleterre et la France déclarèrent la guerre à la Hollande, l'Angleterre attaqua, suivant sa coutume, sans déclaration de guerre. La dénonciation des hostilités ne fut publiée que le 29 mars, et, dès le 23, une escadre anglaise assaillit, à la hauteur de l'île de Wight, une flotte marchande hollandaise revenant de Smyrne. Les Anglais, comme l'ont remarqué tous les historiens, eurent la honte de la trahison, sans en avoir les profits; ils perdirent beaucoup de navires et ne prirent que deux ou trois bâtiments marchands.

Dans la guerre de sept ans, les hostilités maritimes de la France et de l'Angleterre commencèrent en Amérique: les Anglais voulaient enlever le Canada à la France, et le duc de Cumberland, qui avait Fontenoy sur le cœur, avait préparé un coup de main contre cette possession française. Une flotte quitta les ports anglais; le cabinet de Versailles demanda des explications: on répondit que les Anglais ne commenceraient pas (2). C'était la réponse au courtois salut des soldats du maréchal de Saxe, à Fontenoy: « Messieurs les Anglais, nous ne tirerons pas les premiers! » Voici comment les Anglais ne commencèrent pas: ils enlevèrent deux vaisseaux français égarés dans le brouillard; les corsaires anglais se déchaînèrent alors sur toutes les mers; 30 millions furent enlevés aux Français, 6,000 matelots pris, qu'on força à servir contre leur patrie. Jamais le droit des gens n'avait subi une violation aussi monstrueusement coupable (3). Cependant la guerre n'était pas déclarée et le gouvernement du roi de France fit relâcher une frégate anglaise capturée par un vaisseau français.

Pitt, parvenu au ministère en 1761, voulut frapper un grand coup en Espagne, comme ses prédécesseurs en avaient frappé un contre

(1) Lingard, t. 12, ch. 2. — V. p. 60.

(2) Henri Martin, *Hist. de France*.

(3) Idem.

la France en 1755. Il exposa à ses collègues un vaste plan d'agression contre l'Espagne. On devait déclarer la guerre, en interceptant les galions d'Amérique. Les autres ministres s'opposèrent à ce nouvel acte de piraterie, et Pitt donna sa démission (1).

Dans la guerre de 1778, les violences de l'Angleterre recommencèrent : « La Cour de Londres seule a des pirates en mer, écrivait « le ministre de Louis XVI au cabinet de St-James ; ce sont ces bâ« timents qui, en pleine paix, ont enlevé des bâtiments français, « et cette Cour ne soutiendra pas sans doute que ce procédé était « contraire à ses ordres ou à ses intentions, puisque les coupables, « quoique dénoncés, sont demeurés impunis, et que les navires « pris n'ont pas été restitués. »

Sous les inspirations de la France, l'Angleterre a abandonné ses anciennes pratiques, dans la dernière guerre d'Orient ; l'histoire doit le constater et le droit des gens enregistrer une nouvelle maxime (2).

DE LA CONTREBANDE DE GUERRE

Les neutres, dont les droits, l'indépendance et la liberté sont garantis par les maximes que nous avons étudiées et adoptées, ne doivent pas cependant violer les *blocus effectifs*, ni se livrer, sous aucun prétexte, au commerce de la contrebande de guerre, au commerce de ces marchandises qui ont un rapport *direct* avec la guerre, parce qu'elles peuvent *directement* servir au développement des hostilités.

Depuis que les nations maritimes ont pris l'habitude de régler, dans leurs traités, les principes du droit des gens, elles ont toujours excepté les marchandises de contrebande du commerce que les neutres peuvent librement faire, en temps de guerre (3). Quelques traités énoncent même quelles sont les marchandises dont le commerce est

(1) H. Martin.

(2) V. le traité de Nimègue ; et dans Papon, *Hist. de Provence*, des traités dans le sens du délai, 1170, 1198, 1212.

(3) Traité de 1778 entre la France et l'Amérique, art. 22 ; — Art. 24 du traité de 1794-1795 entre l'Angleterre et l'Amérique ; — Traité de 1677 entre la France et l'Angleterre ; — Traité des Pyrénées, Traité d'Utrecht, Traité de Versailles, etc.

interdit: le Traité de Paris n'a pas conservé cette pratique ; il semble s'en remettre aux traités précédents.

Il est cependant très-important, et pour les neutres et pour les belligérants, de savoir quelles marchandises sont contrebande de guerre. Certaines choses qui pourraient ne pas être considérées comme contrebande, à une époque éloignée déjà, au XVIIIe siècle par exemple, peuvent avoir aujourd'hui un rapport direct avec la guerre.

Il nous a donc paru convenable d'obliger les belligérants à publier, dès le commencement de chaque guerre, la liste des objets qu'ils considéreront comme contrebande de guerre, à la condition que ces objets aient un rapport *direct* avec la pratique des hostilités. Au XVIIIe siècle, le charbon de terre n'était d'aucune utilité pour la guerre, aujourd'hui il est d'une indispensable nécessité : le charbon est-il ou n'est-il pas contrebande de guerre ? C'est une question qu'on a dû se poser en 1859, et qui, il faut le dire, a été résolue négativement, parce que le charbon n'a pas un rapport *direct* avec les hostilités, parce que le charbon est une matière première qui n'est pas mise en œuvre par les neutres, qui n'est pas préparée par eux, pour le service des belligérants. Ce qui donne, en effet, à une marchandise le caractère de marchandise de contrebande, « *c'est qu'elle* « *peut servir à l'usage de la guerre, c'est qu'elle a la forme d'un* « *instrument ou d'un attirail servant à l'usage de la guerre.* »

Le ministère anglais, consulté par les négociants de la Cité, au commencement de la guerre actuelle, sur la question de savoir si le charbon était marchandise de contrebande, a fait une réponse évasive, s'en rapportant à l'appréciation des belligérants : La France a déclaré qu'elle ne considérait pas cette marchandise comme contrebande, de même qu'elle n'a jamais rangé dans cette catégorie les bois qui servent aux constructions navales.

L'Angleterre, si prudente aujourd'hui dans sa neutralité, n'a pas toujours admis le principe qui veut que les munitions navales ne soient pas contrebande de guerre : en 1794, elle signa avec les États-Unis un traité par lequel ces munitions seraient, par rapport à la France, considérées comme objets de contrebande ; le Directoire dut user de justes représailles.

MM. de Pistoye et Duverdy, dans leur savant et consciencieux ouvrage des *Prises maritimes*, ont réfuté l'opinion de Grotius, adoptée en principe par M. Ortolan, suivant laquelle il y aurait deux espèces de marchandises de contrebande : la contrebande *absolue* et la contrebande motivée sur les circonstances du moment, la contrebande *par accident* (1). La déclaration que nous exigeons des belligérants couperait court à cette difficulté.

DU CONSEIL DES PRISES

Il nous reste à dire quelques mots du Conseil des Prises, de cette juridiction instituée pour juger de la validité d'une capture. La prise a-t-elle été faite dans le temps voulu après l'expiration du délai accordé aux navires ennemis? Est-elle exécutée dans un lieu où la course puisse être faite? Le navire est-il réellement neutre? La marchandise n'est-elle pas de contrebande de guerre, appartient-elle à un neutre? Le corsaire est-il en règle? Le blocus est-il effectif? Telles sont les principales questions qui seront soumises à ce Conseil.

Nous ne ferons pas l'histoire des Conseils des Prises, en France: On peut consulter Valin et M. Duverdy (t. 2, p. 140) et la discussion solennelle qui eut lieu au Conseil des Cinq-Cents, en 1796. Cette discussion nous dispense d'exposer les diverses raisons qui sont produites pour et contre le Conseil *des Prises unique*, tel qu'il existe en France depuis longtemps, tel qu'il a été institué pour la guerre d'Orient et pour la guerre actuelle. Nous voulons seulement faire remarquer que le Comité du salut public, dans ses entreprises envahissantes, s'était adjugé le droit de juger les prises. Cette juridiction *des Prises*, qu'on pourrait appeler nationale, à la tête de laquelle Richelieu siégea le premier et qui fut illustrée par Portalis, devint une des attributions de ce Comité, qui a accumulé sur sa tête trop de haines légitimes pour que l'histoire s'en occupe à d'autres points de vue qu'à celui des malheurs qu'il a fait peser sur la France.

(1) V. Grotius, lib. III, cap. 1, § 5, n° 2. — Ortolan, t. 2, p. 165. — M. Duverdy, t. 1, p. 402 et suiv.

Quand j'ai commencé les premières recherches qui servent de bases à ce trop long travail, l'horizon politique s'assombrissait sans que les menaces de guerre dont l'Europe semblait couverte eussent encore éclaté. A cette paix inaugurée par le Traité de Paris, sous les auspices d'un droit des gens nouveau et du *Congrès* futur qui devait avoir pour mission de prévenir ou de régler les différends des nations européennes, a bientôt succédé la guerre. Mais, du moins, si le Traité de 1856 et le Congrès qu'il voulait instituer n'ont pu sauvegarder la paix, nous avons vu les maximes du droit des gens maritimes rester debout et entourées du respect des belligérants.

Comme au temps de l'ancienne monarchie, quand elle n'était pas entraînée à de funestes, mais justes représailles, la France a voulu que ses croiseurs respectassent la frégate autrichienne la *Novara*, dans son voyage de circumnavigation; elle n'a pas fait violenter les *pêcheurs* de l'Adriatique; le commerce des *neutres* a été libre, le *blocus* de Venise effectif; les navires ennemis ont eu un délai pour sortir des ports français : en un mot, les clauses du Traité de Paris qui garantissaient les principes du droit maritime ont été scrupuleusement observées.

Qu'on nous permette, en finissant, de signaler ce progrès, ce véritable progrès sur des temps qui ne sont pas encore bien loin de nous. La France sera toujours prête à donner l'exemple de l'invincible courage de ses soldats et de leur humanité après la victoire : là n'est pas le progrès; et, quand elle vient de s'illustrer une fois de plus sur ces champs de bataille de l'Italie si souvent immortalisés par la *furie française* et par les savantes manœuvres de ses capitaines, c'est qu'elle est toujours la France ; mais là encore n'est pas le progrès ! Il est tout entier, ce nous semble, pour ne parler de la guerre qu'au point de vue qui nous occupe, dans ce respect absolu d'un traité récent contenant les vraies maximes du droit des gens et que les premières hostilités n'ont pas emporté. S'il y a dans ce fait l'indice d'une paix durable, s'il faut en rendre grâces aux principes du droit international, je devrai me féliciter d'avoir provoqué l'étude de ces principes dont je propose l'adoption avec confiance.

PROJET

1° Des lettres de *marque* pourront être délivrées, suivant les circonstances, à des armateurs particuliers;

2° La pêche qui se fait sur les côtes n'est pas soumise aux prises maritimes;

3° Le pavillon neutre couvre la marchandise ennemie, à l'exception de la contrebande de guerre;

4° La marchandise neutre, à l'exception de la contrebande de guerre, n'est pas saisissable sous pavillon ennemi;

5° Un règlement d'administration publique détermine, à chaque commencement de guerre, les marchandises qui doivent être considérées comme contrebande de guerre;

6° La visite en mer ne peut être exercée qu'à portée de canon et par trois hommes amenés sur le navire visité par un canot non armé;

7° Les navires neutres, convoyés par un bâtiment de guerre dont le commandant affirme, sur les livres de bord, qu'il ne protége pas la contrebande de guerre, ne peuvent être visités;

8° Les blocus, pour être obligatoires, doivent être effectifs, c'est-à-dire maintenus par une force suffisante, qui interdise réellement l'accès du littoral de l'ennemi;

9° Au moment de l'ouverture des hostilités, un délai, déterminé selon le cas, sera accordé aux navires de commerce ennemis, pour sortir des ports français;

10° Un Conseil des Prises unique est établi à Paris, pendant la guerre, pour la France et les Colonies.

CHARLES DELAVILE.

Mars — Juillet 1859.

TABLE DES MATIÈRES

PARIS — IMPRIMERIE RENOU ET MAULDE, RUE DE RIVOLI, 144.

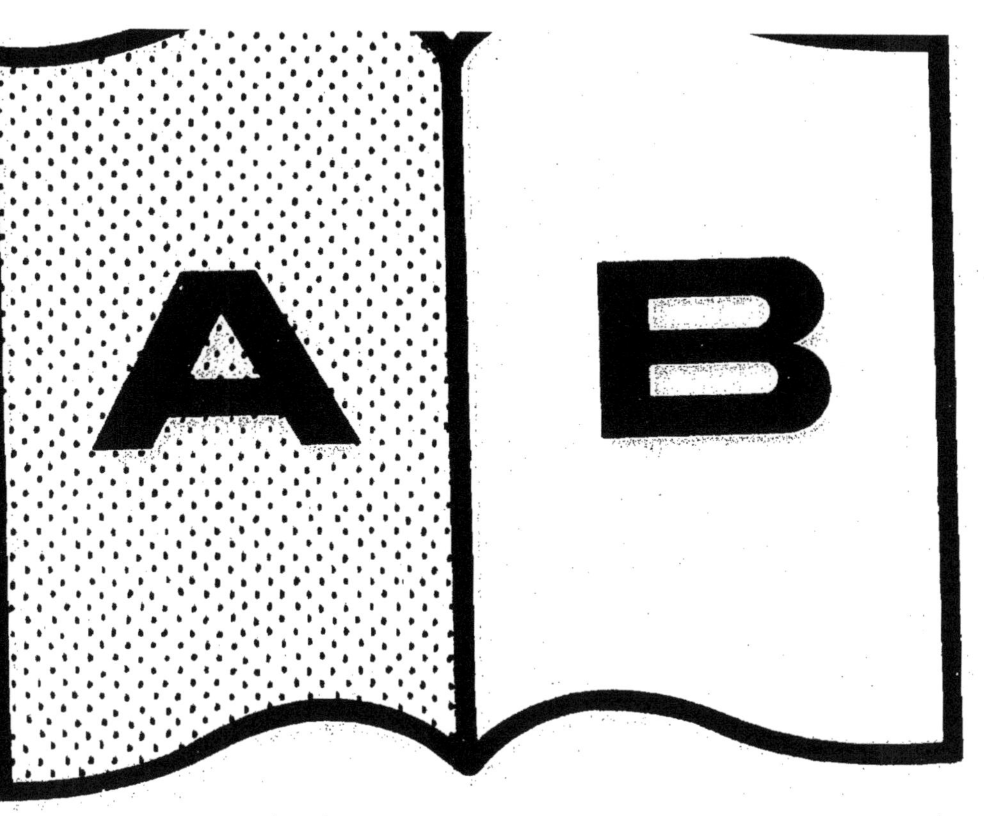

Contraste insuffisant

NF Z 43-120-14

www.ingramcontent.com/pod-product-compliance
Ingram Content Group UK Ltd.
Pitfield, Milton Keynes, MK11 3LW, UK
UKHW020256250726
13967UKWH00004B/1709